阅读成就思想……

Read to Achieve

# 争论的艺术

## 用分歧解决分歧

［英］伊恩·莱斯利（Ian Leslie）◎ 著　马婕 ◎ 译

Why Arguments Are
Tearing Us
Apart and How They Can
Bring Us Together

中国人民大学出版社
· 北京 ·

**图书在版编目（ＣＩＰ）数据**

争论的艺术：用分歧解决分歧 ／（英）伊恩·莱斯利（Ian Leslie）著；马婕译. -- 北京：中国人民大学出版社，2023.9

书名原文：Conflicted:Why Arguments Are Tearing Us Apart and How They Can Bring Us Together

ISBN 978-7-300-31997-1

Ⅰ. ①争… Ⅱ. ①伊… ②马… Ⅲ. ①辩论－语言艺术 Ⅳ. ①H019

中国国家版本馆CIP数据核字(2023)第142751号

**争论的艺术：用分歧解决分歧**

［英］伊恩·莱斯利 著

马 婕 译

ZHENGLUN DE YISHU : YONG FENQI JIEJUE FENQI

| | | | | |
|---|---|---|---|---|
| **出版发行** | 中国人民大学出版社 | | | |
| **社 址** | 北京中关村大街 31 号 | | **邮政编码** | 100080 |
| **电 话** | 010-62511242（总编室） | | 010-62511770（质管部） | |
| | 010-82501766（邮购部） | | 010-62514148（门市部） | |
| | 010-62515195（发行公司） | | 010-62515275（盗版举报） | |
| **网 址** | http://www.crup.com.cn | | | |
| **经 销** | 新华书店 | | | |
| **印 刷** | 北京联兴盛业印刷股份有限公司 | | | |
| **开 本** | 720 mm×1000 mm 1/16 | | **版 次** | 2023 年 9 月第 1 版 |
| **印 张** | 15 插页 2 | | **印 次** | 2023 年 9 月第 1 次印刷 |
| **字 数** | 178 000 | | **定 价** | 69.00 元 |

# 一场审问引发的思考

我对即将要见到的那个人几乎一无所知，只知道他是一起骇人听闻的刑事案件的犯罪嫌疑人，并且他将会对我满怀敌意。

我们会面的地点在英格兰乡村一家不知名酒店的房间里。房间的内部被灯光照得很亮，零星地摆着少量家具，唯一的窗户被厚厚的窗帘完全挡住。我坐在一张桌子前，对面是一把空椅子。右手边坐着一位警察，他告诉我那位嫌疑人已经在外面等候了。接着，这个警察给我讲了一遍那些令人发指的犯罪细节，并且告诉我他们已经掌握的信息、不确定的信息，以及我需要从嫌疑人口中设法得到哪些关键信息。同时他还告诉我，这位嫌疑人非常自负、易怒，而且狡猾。

我试图认真地去听警察的交代，但思绪却完全被即将到来的会面所占据。那位嫌疑人并不想来这里，也并不喜欢我这样的人。我不知该如何让这样一位与我有着根本冲突的人开口告诉我所有的信息，更别提让他说真话了。

听警察简要地介绍完情况后，我双手一直平放在桌子上，以掩饰自己正紧张得发抖的身体。"你准备好了吗？"他问。"好了！"我撒谎道。随即门被打开了，那位嫌疑人大摇大摆走进了房间。

他的名字叫弗兰克·巴尼特（Frank Barnet），是一名送货司机，身材魁梧，浑身上下散发着我所没有的自信。一分钟前，警察曾跟我介绍说巴尼特在被拘留期间一直表现出攻击性，还冲着警察大喊大叫。很显然，他对于自己在送孩子进学校的时候被捕感到很不满。他在我的对面坐下，冷冰冰地凝视着我。我极力掩饰着自己的紧张，开始问他是否还记得上个星期天的下午他都在做什么。

"我为什么要告诉你？"

噢，天哪，我可不习惯这样的交流方式。大部分与我交流的人至少愿意跟我说话。他们通常会希望我们之间的沟通能顺利进行，当然我也一样。就算我们的意见不同，讨论问题的态度却是一致的。现在我和这位嫌疑人显然没有了这种心照不宣的共识，我感到对话很难进行下去了。我又试着跟巴尼特解释了一次，我只是想让他告诉我那天他到底都做了些什么。

> 巴尼特：你为什么要来问我？
> 我：我们是问当时在这附近的人。
> 巴尼特：少跟我来这套，为什么要来问我——弗兰克·巴尼特？为什么是我？

我开始感到有些反胃了。一方面我很想加倍骂回去解解气，他凭什么可以如此咄咄逼人？犯罪嫌疑人是他又不是我；另一方面，我却想极力避免这一切对抗，然后道歉。我内心感到困惑、不安、无所适从。

多年以来，我一直沉迷于一个社会问题：为什么有如此多的公众分歧会愈演愈烈。持有不同意见的人发现似乎越来越难进行有效的争论，反而要么渐渐陷入唇枪舌剑之中，要么做出毫无意义的中立表达。我也注意到，同样的问题也会出现在我们个人的生活中。我们经常不能很好地表达不同的意见，导致父母与孩子争吵，同事相互争执，这些似乎成了我们前进路上的拦路虎。为了避免陷入言语攻击或者无果的僵局之中，我们是不是应该学会如何表达相互冲突的观点呢？是什么阻碍了我们做到这一点呢？

对于这些问题，我找不到满意的答案，于是开始自己做一些调查研究。我花了大量时间阅读了古代哲学家们的著作，还有几千年来那些伟大的思想家们所确立和完善的良好的理性辩论原则，比如，以诚相待、知己知彼、不使用"稻草人论证"①。这些都很有智慧和启发性，但有些问题却让我一直心存疑虑。就好像健康饮食和锻炼身体，在有分歧的时候，知道自己应该做什么似乎比真的去做要容易得多。我掌握了理论，但当我处于和我的老板、妻子或社交媒体上一个陌生人的争论之中时，理论就都被抛诸脑后了。我开始认为实现有效的争论不是一种哲学，而更多的是一种纪律、一种技巧。

人类不是完全理性的。我们自负、骄傲、冲动、缺乏安全感，也有着各种需求。一场争论往往掺杂了我们对对方的看法，而不是仅就观点和证

---

① 稻草人论证，又称稻草人谬误或攻击稻草人，是指曲解对方的论点，再攻击被曲解的论点，并宣称已推翻对方论点的论证方式。——译者注

据来交换意见。这也并非完全一无是处：情绪可以帮助我们据理力争，或是让我们对别人产生共情。但情绪也会阻碍健康的争论。那些原始的本能反应会遮蔽我们的思考，扭曲我们的行为。在看似最彬彬有礼的争论表象之下，紧张的局势却正在默默酝酿，有时会失控燃烧成怒火，有时会使我们带着愤懑退缩，但有时却可以让我们获得真相和亲密关系。

当有不同意见时，我们会调动各种机制来应对：头脑、情感和直觉。问题在于，大部分研究辩论或争论的文献中，只关注头脑，而我想要讨论所有这三个方面。所以我说服了一位审讯专家让我扮演一名警察来进行审问。在生活中，你我遇到的大部分纷争明显不会像一场刑事审讯。我们所争论的可能是如何能最好地运行工作中的一个项目，或者吃肉是否道德，或者夫妻一方有没有在共同账户上提取了太多资金。但这些争论在根本上与我和弗兰克·巴尼特之间的冲突的确有一些相似之处，那就是多多少少与我们如何看待对方相关联。每一个分歧的表面之下，都有一场关于双方关系的无声谈判在进行。如果我们不解决这个问题，谈话就不可能进行下去。

哪怕是面对最难以化解的分歧，也可以通过留意这种隐藏的关系，来将其转化成一场有效的对话。这是警察、谈判专家、外交官等人士的专业技能。他们在工作中要进行高度紧张、高风险、极具对抗性的对话，我们可以从中学到很多东西。我发现这些专家所面临的考验和我们任何人在夫妻吵架、政治辩论、职场纷争中所面临的困境有着惊人的相似之处。通过将这些生活体验与传播学和认知心理学的理念和研究相结合，我找到了一条有效争论的通用法则，可应用于任何人的生活之中。

在这个过程中，我不仅扮演了刑事审讯员，还到孟菲斯市观察警察培训，学习如何在暴力多发的街区处理紧张的冲突。我请教了离婚调解人，看他们是如何让两个几乎无法同处一室的人最终达成协议的；我请教了心理咨询师，看他们是如何与完全听不进任何建议的来访者进行沟通的；我也从谈判专家那里学习了他们是如何说服当事人终止一场爆炸计划或放弃跳桥自杀的打算。这些专业人士所从事的工作内容大不相同，但他们都能够从最不乐观的形势中读取到一些有价值的信息，是通过表层交谈达到深层沟通的高手。

这一路走来，我加深了对人性的了解，也加深了对自己的了解。我不是一个天生的斗士，就算遇到温和的对峙也能让我感到浑身不舒服。但我现在知道冲突并非是要不惜一切代价去避免的事情，在适当的情况下，它能起到巨大的积极作用。我了解到如果孩子能与父母进行开诚布公的争论，他们会更开心，只要这种争论不会发展为恶语相向，而且夫妻之间发生激烈的争辩也通常好过凡事避免冲突；我了解到，在职场中的团队，如果懂得如何在不破坏合作关系的情况下，直接地，甚至是强烈地表达反对意见，那么团队的运行效率会更高；我了解到过度的意见一致对我们是不利的，只有学会了很好地表达不同意见，我们才能将彼此之间的分歧充分利用起来。

懂得以推动进步和理解的方式来表达不同意见，而不是停滞不前或唇枪舌剑，对我们所有人都有帮助。然而，让争论有所成效不仅仅是一项至关重要的生活技能。当人类在奋力应对前所未有的生存挑战时，这对我们整个物种来说都是必不可少的需求。持有不同意见是我们的一种思考方式，甚至可能是最好的方式，对促进任何有多方参与的组织的健康发展起着至关重要的作用，无论是婚姻、商务还是民主政治。我们可以用这种方式将模糊的概念变成可操作的想法，将盲点变成突破口，将猜忌转为共情。我们从未像现在这样需要这种方式。

当然有一点你不用怀疑：实现有效的争论相当困难。进化并没有让我们天生就掌握这种能力，也没有学校为我们提供相关的训练。事实上，我认为可以说我们绝大部分人在这方面都做得非常糟糕。这种情况需要改变，否则我们日益激烈的分歧注定只能激起满腔怒火，让我们看不到一丝曙光，抑或是什么也激发不了，因为我们抗拒任何争论。唯一比言语恶毒的争论更糟糕的情况就是完全没有争论。

# 目录

第三部分
## 应对争论的正确方式

CONFLICTED

第一部分

**为什么我们需要新的争论方式**

WHY ARGUMENTS ARE TEARING US APART

AND HOW THEY CAN BRING US TOGETHER

# 在"战斗"或"逃跑"以外

> 我们生活在一个比过去任何时候都更容易产生分裂的社会里，而我们对此没有丝毫的准备。

2010 年，《时代》杂志将 Facebook 的使命描述为："驯服咆哮的暴徒，将这个孤独的、反社会的、随机的世界变成一个友好和谐的世界。"在互联网大规模普及的第一个十年，有一种很流行的理论：人们交流得越多，就能变得越友好，越能相互理解，公共舆论环境也会变得更健康。而当我们迈入 21 世纪第三个十年时，这个设想似乎看起来极为天真。咆哮的暴徒昼夜冲突不断，互联网虽然能将人们连在一起，但并不能创造出联结的情谊。在最坏的情况下，它可能更像一台制造不和谐与分裂的机器。

硅谷企业家保罗·格雷厄姆（Paul Graham）观察到，互联网是一个被设计成会引发分歧的媒体。数字媒体平台天生具有互动性，并且人们也喜欢争论。正如格雷厄姆所说，"不同意往往比同意更能调动人们的积极性"。当读者对一篇文章或帖子有不同意见时，更有可能进行评论，也有更多的语言可表达（而表示"我同意"的方式也就那么几种）。同时，他们往往也会变得更活跃，而这通常意味着变得更有怒气。

2010 年，一支数据科学家团队进行了一项与 BBC 论坛上的用户行为有关的研究，分析了由 18 000 名用户所发出的近 250 万条帖子里带有情绪的观点表达。他们发现，往往较长的话题讨论都是由负面评论支撑起来的，且总体上更活跃的用户更可能会表达负面情绪。

在我们所生活的世界里，充满恶意的争执无处不在。人们变得更容易有攻击性，也更经常被冒犯。我们表达的越来越多，而聆听的越来越少。这当然与我们应用于社交平台上的技术相关，但若将这些弊病只归咎于 Facebook 和 Twitter，我们将忽略掉几十年甚至几百年以来蕴藏在人类行为转变中的更广阔和深远的意义。无论是在现实生活中，还是在互联网上，单向传播的方式越来越少，每个人都开始反驳其他人。如果说我们变得越来越不合群，那是因为现代生活要求我们说出自己的想法。

*** 

美国人类学家爱德华·T. 霍尔（Edward T. Hall）提出了两种传播文化的区分：高语境和低语境。就像其他好的理论一样，它将现实简化以找到启发。在低语境文化中，沟通明确而直接。人们所说的话即被认定为他们的思想和感情的表达。你不需要了解语境，比如是谁在说话，是在什么情况下说的话，就能理解信息。高语境文化里则很少明言，大部分信息是隐晦的。每条信息的意义更多存在于语境之中，而非文字本身所表达的。沟通隐晦、微妙且含糊不清（见表 1–1）。

表 1-1 　　　　　　　　　　高语境文化与低语境文化的对比

| 高语境文化 | 低语境文化 |
| --- | --- |
| 隐晦 | 明确 |
| 间接，不露声色 | 直接，当面对峙 |
| 情感性 | 事务性 |
| 强关系 | 弱关系 |
| 高信任度 | 低信任度 |

大体上说，欧洲和北美国家是低语境文化，而亚洲国家是高语境文化。举个例子，流行于日本京都的茶泡饭是一种很简单的日本菜，将绿茶或汤汁倒在米饭上即可。如果你在京都当地人的家里，被问到要不要吃茶泡饭，你可能会根据自己是否饥饿来回答要或不要。但在京都，给客人提供茶泡饭是一种传统的表达方式，暗示客人该离开了。你需要有背景知识才能明白这个信息。

像日本这样的高语境社会往往更传统和正式。良好的沟通意味着对共同的符号和约定俗成的礼仪规则有着深刻的理解，比如尊重长辈和上级。沟通的主要目的是保持良好的关系，而不是交换信息或倾吐心声。因此，在高语境交流中更强调倾听，因为聆听者必须听懂字里行间的内容才能理解说话者的意思。而高语境文化中的说话者也往往会用语精简，时有停顿，不会抢话。

低语境社会（比如美国）的传统性少一些，更具多样化。它们涉及更多的短期关系，多有变化而少有服从。在表达和聆听的时候，传统、礼仪和等级的知识并不太起作用，每个人都在为自己说话。既然不能靠语境做判断，人们就会依赖于语言本身。正如一位学者所总结的，低语境交流的特点是"不断地、有时是永无止境地使用语言"。阐明意图、表达愿望、给出解释。人们使用不带姓氏的名字进行闲聊，交流中多有干扰和交叉，也会有更多的争论。

这让我们看到了高语境文化和低语境文化之间最重要的区别：不同的冲突程度。在亚洲文化中，直接而有力地表达自己的意见是不常见的，可能被视为莽撞甚至冒犯。而西方人更愿意"说出自己的想法"，哪怕可能会面临对峙。大家习惯于各抒己见，即使可能会引发矛盾摩擦。当然，这种差异是相对的。即使在西方，也形成了一些不成文的约定来避免过多的争论，比如吃饭时不讨论政治或宗教。但是，随着这种传统的逐渐消失，它们对冲突的抑制作用也在减弱。

虽然这里的例子仅是以国家为单位的粗略比较，但霍尔的高低语境文化模型可适用于任何类型的比较。生活在乡下的人较生活在大城市里的人有更多的高语境交流，如点头和眨眼，因为在乡下大家都彼此相识，而城市里总能遇到不同背景的陌生人。在历史悠久的企业中，老员工们表达意图的方式可能会让刚入职的新人感到很困惑，而在创业公司里，任何未被明确表达的事务都不会被处理。我们还会在高语境和低语境模式之间转换：与家人或朋友在一起时，多半有很多高语境的交流，但与电话另一端的客服交谈时，则会采用低语境的交流模式。低语境文化更适合正在经历变迁的具有高度多样性和创新性的社会，但也会让人感觉缺乏人情味、脆弱和不可预测，并且更容易引起冲突。

无论我们身处世界的何处，我们中的大多数人都过着趋于低语境的生活，因为越来越多的人涌入城市，与陌生人做交易，通过智能手机进行交谈。虽然不同的国家仍有不同的交流文化，但几乎所有国家都受制于同样的全球商业载体：城市化和科学技术。这些力量消解了传统，夷平了等级制度，扩大了争论的空间。我们显然尚不清楚是否已为此做好了准备。

人类作为一个物种，在其存在的大部分时间里，都处于高语境模式之中。我们祖先所生活的定居点和部落有着共同的传统和固定的指挥体系。而现在，我们所遇之人则经常与自己有着不同的价值观和习俗。同时，我们比过去任何时候都更看重平等性。无论在哪个领域，参与的各方都已经拥有或正在要求平等的权益。以婚姻的转变来说，70 年前，大多数婚姻中的伴侣几乎不需要讨论谁来做哪些家务，谁来照顾孩子——这些事情都是约定俗成的，由文化习俗来决定。随着性别平等观念的兴起，现代家庭需要有更明确的沟通和协商，语境已不再能告诉我们应该由谁来洗衣服了。你大概跟我一样，认为这种变化固然是件好事，但仍需承认它可能会带来更多棘手的矛盾。

婚姻如此，整个社会亦如此。孩子不大可能再默默地服从于父母的权威；组织运营不再依赖于命令和控制，而更多依赖于协作；记者不再期望读者完全相信他们所说的话；足球经理希望比赛获胜的方法也不再是在更衣室里对球员大喊大叫。每个人都希望自己的意见能被听到，事实上，的确是越来越多的人可以被听到。在这个喧闹的、无礼的、极度多元化的世界里，从前关于什么可以说、什么不可以说的隐性规则开始变得松动、不确定，有时甚至消失不见。随着指导我们做决策的背景知识的减少，"大家都同意"的事情的数量也正在急剧下滑。

高语境向低语境的转换已经缓慢进行了很长时间。但随着信息科技的发展，它正以不可思议的速度加速转变。人类具备一种高度进化的能力：可以从一个人的眼神、姿势、动作、说话的音调和语气中辨别出他的意图。而在网上，这种背景被拿掉了。智能手机和微博平台的交互形式都被设计成了低语境，用户每次只能看少量有限的文字或图片。我们只能从这些内容中粗略地读出一个人的意图，即使他使用了表情符号来增强信号。让我们来想一想低语境文化是如何界定的，至少在极端形式下是这样的：喋喋不休、频繁的争论，每个人都总在告诉你他们的想法。觉得似曾相识吗？正如冲突解决专家伊恩·麦克达夫（Ian Macduff）所说的："互联网的世界看起来显然是一个低语境的世界。"然而，我们依赖的却是适用于 20 万年前的人类世界的冲突解决策略。

***

如果人类是纯粹的理性个体，我们会礼貌地倾听反对意见，然后再做出深思熟虑的回应。而在现实中，分歧会让我们的大脑充斥着化学信号，使我们很难专注于眼前的问题。这些信号告诉我们，这是对我们的攻击。"我不同意你的观点"变成了"我不喜欢你这个人"。我们没有敞开心扉去接收别人的观点，而只关心如何为自己辩护。

这种对不同意见的反感在人类进化史上是根深蒂固的。神经科学家乔纳斯·卡普兰（Jonas Kaplan）、莎拉·金贝尔（Sarah Gimbel）和山姆·哈里斯（Sam Harris）利用大脑成像来观察当人们面对与自己坚定的政见相悖的证据时，会做出什么反应。他们发现，其所触发的大脑里的区域与人在应对人身威胁时所激活的区域是相同的。即使在相对温和的争论中，我们的对话者也可能变成一个会加害自己的危险对手。这就是为什么我们的身体会做出同样的反应：胸口收紧，心跳加快。

哈佛大学生物学家沃尔特·布拉德福德·坎农（Walter Bradford Cannon）在 1915 年最早提出了动物在面对威胁时的两个最基本的策略：

战斗或逃跑。人类也不例外。一场分歧可能会使我们变得咄咄逼人，大发雷霆，也可能会使我们畏缩不前，为了避免冲突而强咽下自己的意见。在当今的低语境环境中，这些原始反应仍然影响着我们的行为：我们要么陷入充满敌意且大多毫无意义的争论之中，要么尽一切可能去避免所有的争论。在 21 世纪，这两种反应都是行不通的。

不必到处找，你就能看到对待分歧的 "战斗" 反应：只需打开你的社交媒体或阅读你最喜欢的网站上的评论。部分是出于我们已知的原因（互联网让每个人都有机会对任何人提出不同意见），但也因为社交媒体被设计成诱导人们将各抒己见变为公开对骂。社交媒体曾被认为是创造了 "回音室"，在这里人们只会看到他们已经认同的观点，然而证据显示并非如此。使用社交媒体的用户比不使用社交媒体的人拥有更多样化的新闻来源——研究显示，前者可获得的来源是后者的两倍之多。虽然他们可能仍然更喜欢访问与自己世界观一致的媒体，但只要人们有更多资源可选择，他们往往就能接触到更多的不同观点，无论那些观点自己是否喜欢。互联网非但没有将人限制在自己小圈子的舒适区里，反而将其打破，并引发敌意、恐惧和愤怒。

做道德评判是网络用语的一个突出特点，如 "这太令人恶心了" "他太邪恶了"。耶鲁大学神经科学家莫莉·克罗克特（Molly Crockett）指出，我们很少在线下生活中遇到被我们视作不道德的行为（在美国和加拿大进行的一项研究表明，我们目睹不道德行为占日常经历的比例不到 5%），但在互联网上却总是能遇到。有时候新闻看上去就像一场恶棍与暴行的游行。有数据显示，与传统媒体相比，人们更容易在网上看到他们认为在道德上不能接受的行为。部分原因是令人愤怒的内容更容易被传播。纽约大学计算社会心理学家（computational social psychology）<sup>①</sup>威廉·布雷迪（William Brady）领导的一个科学家团队分析了超过 50 万条关于有争议性政治问题的推文。他们发现，如果在推文中使用道德化和情绪化的词语，每增加一个，其通过转发在网络中的扩散率就会增加 20%。用户发布能引起愤怒的信息会获得更多的点赞和转发，而发布这些信息的平台也获得了卖给广告商的资本——关注度和参与度。因此，网络平台有动力去推送每一条最极端的、最具引爆力的争论。大同小异、斟酌反思和相互理解不是这场交火的误伤者，而是必要的牺牲品。

几个世纪以来，我们为避免蔓延的愤怒侵蚀人际关系而发展出了一套社会规范，比如不与陌生人讨论争议话题，但这并不适用于网上。我们轻率地在网上发帖、发推文，并大范围地转发消息给完全不认识的人。当我们对陌生人生气时，不太可能会花力气去看清他们的观点或者公平地对待他们。心理学家发现，当人们带有愤怒的情绪时，会更可能对接下来遇到的与自己有不同想法的人抱有偏见，即使这个人与他们愤怒的来源毫无关系。

当然，网络社交媒体不是真实的生活，也没有什么证据表明人们会把那些愤怒的争论重演到与其他人的当面交谈之中。然而，情况并不像看起来这么乐观。我们在网上看到的那些空洞的愤怒，可能正好说明了真实的、反思性的争论的缺失，"战斗"只是"逃跑"的烟幕弹。从威廉·布雷迪的 Twitter 上有关道德义愤传播的研究中，我们可以看到，扩散发生在自由派和保守派的群体内部，而不在两派之间。人们出于对外群的共同

———————

① 计算社会心理学，基于网络大数据的社会心理学。——译者注

愤怒而绑定在一起，却并没有人参与辩论。在某种意义上，愤怒只是因为表面上的分歧。参与其中的全部理由是为了支持自己一方的观点。

在美国，共和党和民主党的选民越来越多地住进不同的街区，去不同的教堂和商店。大家没有参与到更多的讨论中，而是想方设法地去避免争论，因为从媒体上看到的分裂性言论让他们对政治渐渐失去了兴趣。哥伦比亚大学 2020 年的一项研究发现，政治是美国人最避讳谈论的话题。政治科学家萨马拉·克拉尔（Samara Klar）和雅娜·克鲁普尼科夫（Yanna Krupnikov）发现，在某个街区出现任何一个党派的选举标语牌，都会降低其对买家的吸引力。在一项在线调查中，仅有 20% 多的受访者表示，他们会对与自己政见相同的新同事在办公室谈论政治感到反感。然而当这些受访者阅读了一篇关于政治两极化的文章后，这一统计数字上升到了40%，因为他们担心可能会发生不愉快的交流。

即使在低语境文化中，人们也倾向于回避那些可能带来冲突及心理压力的话题。毋庸置疑，赞同对方和被赞同比反对和被反对会让人更好受，尤其如果对方是我们不想疏远的人。然而，一味回避——"逃跑"，也会导致疏离。

***

Posterous 是一个类似于 Tumblr① 的微博平台，由陈嘉兴（Garry Tan）在 2008 年创立。它的发展势头如火箭般一飞冲天，成为互联网上最受欢迎的网站之一。陈嘉兴和他的合作伙伴筹集到数百万美元的投资，成为硅

---

① 中文名为汤博乐，是一个轻博客社交网络平台。——译者注

谷业内的名人。但在 2010 年，该网站的流量增长开始放缓，创始人也想不通到底是什么原因。"我们不知道为什么之前在不断增长，也不知道为什么现在停止了增长。"陈嘉兴告诉我。他和他的合伙人在解决方案上陷入了分歧。

哈佛商学院的一项研究发现，初创公司之所以会失败，有 65% 是因为"联合创始人之间的冲突"。要想成功，新公司的领导者往往必须做出一个很艰难的转变：从一群想要实现共同想法的朋友变成有着众多股东的复杂企业的管理者。一贯凭着直觉和自身做事方式来做抉择的人，在几乎没有任何准备的情况下，迎来了全新的且通常是相当繁重的责任。此外，因亲友关系而被雇用的员工在压力下也会暴露出他们的局限性，而最初的团队凝聚力就会在考验中濒临崩溃。

陈嘉兴为人彬彬有礼，很难与人正面对峙（"我父亲个性强烈，不善体谅他人，而我成了他的反面。"），与朋友之间的紧张关系使他站在了精神与身体崩溃的边缘。他夜不能寐，食不知味，脉搏保持在如快跑时的频率。为了自己的身心健康，他从为之付出一切而创立的公司离职（Posterous 后来被 Twitter 收购，之后很快停止了运行）。

在 Posterous 极速走向衰落时，陈嘉兴和他的合伙人亟须共同合作解决困难。然而，他们却互相回避对方。他后来明白，问题正源于在过去成功的几年里他们几乎从未发生过任何争执。"我跳过了一个要实现最佳合作关系和工作状态就必须克服的难题：接纳并解决冲突……我们很少直接和坦诚地进行交谈。"表面上看，这种关系似乎很牢固，实际上却很脆弱。

现代职场非常强调与同事友好相处，创造心理安全感。这种理念可能会导致的最糟糕的情况是,每个人都感觉需要被迫同意所有的事情,压制自己的疑虑,咽下可能引起尴尬的问题。一家企业的不同部门之间应该是存在一些紧张关系的,员工应该公开地就此展开讨论,而不是只默默地完成自己眼前的事情。一家企业若默认这种禁止分歧的文化,会更容易遭受办公室政治、判断失误和滥用权力之害。当共事者认为某事或某人有问题时,应该感到自己不仅可以提出来,而且是有义务提出来。

分歧带来的利弊不是对等的。避免分歧或任何形式的冲突可获得立竿见影的好处,比如你选择暂时离开,无论是真的走开还是只是思绪上的逃离,立刻就能感到更加轻松。而直面分歧的好处与它即刻带来的不适感相比没有那么显而易见,因为它往往是长线的、累积的,而最终也将是更深远的。

\*\*\*

人格心理学家已经确立了几个稳定的特质来进行衡量,比如开放性(即一个人对于新体验的接受程度)和尽责性(即一个人的效率和组织性水平)。他们还使用了另一个术语来描述一个人的共情能力和怜悯心,简单来说就是这个人有多友善。而心理学家给这种特质取了一个什么名字呢?宜人性。不仅科学家如此,我们在日常用语中也使用"不讨喜"这个词来形容我们不喜欢的东西或人。我们有一种根深蒂固的思维,觉得反对他人是一种不被接受甚至可耻的行为。

克服分歧所带来的困难不意味着要避免分歧的发生,而是需要我们从根本上改变对它的理解和感受。冲突并不是人类偶尔无意中遇到的问题,而是生命中一个至关重要的组成部分。细胞和有机体通过将自己暴露在低剂量的毒素中生存。这种方式使得它们能够了解周边不断变化的生存环境，继而当有潜在致命剂量的相同毒素出现时，就能更好地做好应对准备。人与人之间的关系也是如此——生命体需要有冲突才能生存和发展。

从事家庭冲突研究的心理学家过去一直关注的是冲突可能造成的破坏性。与父母关系高度不和谐是青少年不快乐的标志之一。但如今，人们越来越意识到冲突的建设性作用。在青少年典型的一天当中，据他们报告，与父母会有三四次冲突，与朋友会有一两次。佐治亚大学教授亚伯拉罕·泰瑟（Abraham Tesser）带领的一个社会心理学家小组在 1989 年发表了一项研究，他们让家有 11 ~ 14 岁孩子的家庭记录下日常发生的争论，从看什么电视频道到是否该去做作业等任何事情。研究人员发现，与父母争论相对较多的孩子更快乐，更能适应社会，在学校也更出色。

然而，这只限于理性争论的情况，并不适用于那些长期在家里满怀愤怒进行争辩的孩子。同样的，在 2007 年一项关于迈阿密青少年的研究中发现，家里冲突较多的孩子更有可能在学校表现良好，但前提是他们拥有在根本上是温暖和相互支持的家庭关系。这引出了我将在本书中探讨的问题：良性的争论在很大程度上取决于有良好的关系。值得一提的是，反之亦然。频繁而开诚布公的争论会让相互之间的关系更经得住严峻的考验，比如你所创办的公司正面临崩溃。

作为一名投资人，陈嘉兴建议初创公司的创始人都要有公开的争论。他说，见过太多创始人犯同样的错误——"冲突是不好的，因此我们应该尽量避免"。管理者经常从"争斗是不正常的"这一鲜活论据中得出错误结论，认为冲突在本质上是不利的。事实上，冲突与团队合作成功与否之间并不是简单的线性关系，比如冲突越多，就越成功，或越失败，而是如统计学家所描述的曲线，呈倒 U 形（见图 1–1）。

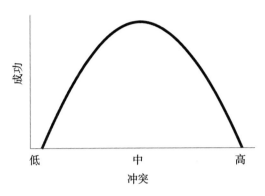

**图 1–1　冲突与成功的关系曲线**

有证据表明在家庭中发生争论也是有益的，因为能暴露问题从而促进改善。然而，在超过这个能实现益处的程度后，更多的争吵就会开始破坏关系。对于青少年来说，适量的冲突是有效的，但持续的不和谐只会让他们感到痛苦。

很显然，我们没有一个准确的词汇来形容一场非敌意的，且参与者的共同目标是加深理解、优化决策及创新思路的争论。"辩论"意味着一场有输有赢的竞争；"争执"多少带有火药味；"对话"太过平淡；"辩证"太过晦涩。这种语言描述上的区别证明了我们是多么不善于利用存在的分歧。"战斗"和"逃跑"对我们来说是自然而然的，而很好地提出反对则不然。语言的影响不可忽视。语言学家乔治·拉科夫（George Lakoff）和马克·约翰逊（Mark Johnson）在他们的经典著作《我们赖以生存的隐喻》（*Metaphors We Live By*）中指出，我们把争论视作战斗一般。我们会说"她的主张不堪一击""他攻击了我论点中最薄弱的一环""我拆解了他的立论""她击溃了我的想法"。这些隐喻给人以真切的感受，塑造了我们争论的方式。我们把与自己争论的对方看作必须要打败的敌人。我们感觉受到了攻击，所以要捍卫自己的立场。拉科夫和约翰逊说，你可以想象一种把争论视为舞蹈的文化。这是一场协作性的表演，目标是呈现出最优雅大方的姿态，尽可能使人愉悦。尽管每个人的争论方式或体验会非常不同，但争论不是一定让人感到压力和沮丧，而是可以给人以灵感和愉悦；不是一定会使我们彼此疏远，而是可以让我们更靠近对方。

# CONNECTED 第2章

# 冲突如何拉近我们彼此的距离

保有着争论热情的夫妻或工作团队会感到更快乐。冲突可以将我们团结起来。

奥克兰大学心理学教授尼古拉·奥瓦若（Nickola Overall），从小在一个散漫而喧闹的新西兰家庭里长大。家庭里的每个成员都直言不讳，从不羞于说出自己的想法。"每当朋友或同事见到我的家人时，他们都会对我说：'好吧，我知道你为什么要研究正面冲突了！'"奥瓦若是研究夫妻如何以及为何会吵架的专家。她对恋爱关系很感兴趣，不仅因为这种关系本身很有趣，而且她认为"人们在恋爱关系中处理冲突的方式和策略会同样体现在工作或政治中"。

2008 年，奥瓦若开始着手一项关于夫妻关系的研究。这项研究将对她所在的领域产生持久性的影响。她让夫妻双方在一个没有旁人的房间里对着镜头讨论他们关系中的问题。有些夫妻可以冷静地讲道理，有些则陷入了激烈的争吵。"人们经常心有疑虑地问我，夫妻是否真的会在实验室这种环境下因为自己的私事而发生争吵？他们真的会，并且很容易，"奥瓦若说，"每对夫妇都有那么两三件经常争执的事情。当讨论触及其中之一时，他们就会非常迅速地表现出愤怒和受伤。"实验结束之后，奥瓦若和她的同事们对每一段录像进行了回放和分析。分析的方法采用了该领域常用的一个图例模型，也就是有沟通困难的夫妻交流的四类方式（见图2–1）。

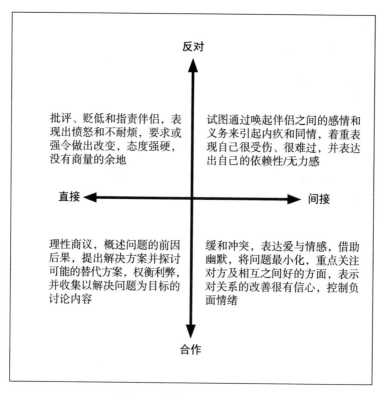

图2–1　夫妻交流的四类方式

"直接合作"会明确地去尝试解决问题，或做出艰难的抉择；"间接合作"指那些弱化和减少冲突的行为，如拥抱、道歉或试图缓解情绪；"直接反对"是进入一场英国人所说的"喧闹的争吵",会有愤怒的责备和责令改变的要求;"间接反对"也经常被称为"被动攻击",是指试图让对方对某件事情感到内疚,强调对方的行为给自己带来了多大的伤害,言不由衷地宣称自己会"再一次"清理干净厨房,并表示"没什么大不了的"。

在战后的几年里,研究人员专注于找出关系紧张的夫妻和相处基本上还不错的夫妻之间有什么不同。数百项研究发现,不幸福的夫妻有更多的争论,而幸福的夫妻则更多表达赞同和喜欢。于是冲突被"诬陷"为一个有百害而无一利的问题,解决的办法就如图 2-1 的右下角象限。进而又推导出我们所说的夫妻关系标准模式:幸福的夫妻会经常分享各自的感受,避免双方的争吵。但我们总能看到一些夫妻,虽然争执不断,偶尔还会大吵大闹,却依然看起来很幸福。或许你的婚姻也是这样的。

在奥瓦若的研究中,发生较多正面冲突的夫妻表示他们并不乐于争吵,而是会因此感到紧张和难过。实验结束后,他们告诉研究人员,刚才的谈话也并没有解决他们之间的问题。实际情况不一定是这样的。奥瓦若的团队在一年后又邀请了这些夫妻回到实验室,并问他们是否在解决之前所谈的问题上取得了进展。大多数人际关系专家大概会预测,有直接对立,也就是激烈争吵的夫妻,进展会很小。但奥瓦若发现结果却恰恰相反:那些对抗性较强的夫妻才更可能在解决问题上有所进展。

夫妻关系标准模式有一个很大的漏洞:正面冲突并不总对婚姻或长期伴侣关系是有害的。现在有越来越多的证据表明,情况可能刚好相反。随着时间的推移,分歧、批评,甚至愤怒可以提升婚姻满意度。冲突是有好处的。

\*\*\*

20世纪70年代中期，一位得克萨斯大学的年轻心理学家威廉·伊克斯（William Ickes）对当下研究人际互动的方法提出了质疑。那些研究都是在人工设定的条件下进行的，也会严格指定被试所谈论的内容。而伊克斯更感兴趣的是在自发的对话中，两个人能否领会对方的想法，用专业术语来说叫作"非结构化的对偶互动"（"对偶"是指一对个体，即由两个人组成的小组）。他由此而做的一系列研究为我们提供了一个至关重要的思路——应该重新认识冲突在良好关系中所起到的作用。

伊克斯招募大学生来参与实验，并将他们进行分组，一男一女为一组，组里的两个人互不相识。每组被试都会被带入一个空荡荡的房间，里面只有一张沙发和一台投影仪。实验者会请他们坐下，并介绍说接下来会让他们观看并评论一些幻灯片。然后实验者会发现投影仪坏了，于是需要离开去取一个新的灯泡。两人独处的时候就会展开对话。一开始会比较生硬，但多聊几句之后会变得越来越自然。过一会儿，实验者会回来，并向他们揭示实验的真正目的。被试的互动过程会被房间里一台隐蔽的摄像机全程记录下来。

在实验的第二阶段，被试将会各自被带到不同的房间，观看之前的谈话录像。在观看的过程中，如果能记起来自己当时的某个具体想法，他们就随时可以暂停录像，把自己当时的想法写下来，并评估他们的谈话对象可能有的想法或感受。之后，研究人员将对录像进行分析，并对每个人理解与自己对话者想法的准确度进行评分。

颇具影响力的心理治疗师卡尔·罗杰斯（Carl Rogers）在1957年将

共情（empathy）定义为"时刻同步体验'另一个人内心不断变化的感知意义'的能力"。在伊克斯之前，没有人知道如何去量化它。伊克斯首创了一种方法来评估一个人的共情准确性，即是否成功推断出对话者大脑里的想法。他的方法体系之后被很多类型的对偶研究所采用，包括朋友和夫妻。

关于读心术，伊克斯有一个重要发现——人们真的很不擅长此道。按百分制来计算，平均的共情准确性得分为 22 分，最好的也只有 55 分（伊克斯备注道：在第一次约会中，你大可放轻松，因为你的同伴几乎不可能知道你在想什么）。相互之间的关系才是影响共情准确性的最大因素。伊克斯发现，朋友比陌生人更擅长读心，因为他们有一个关于彼此的共享信息库，并可以利用此做出快速而准确的推断。换言之，陌生人是在低语境环境中交流，需要交代明确，把所有的信息都说出来；而朋友是在高语境环境中交流，在其中我们可以配置高度压缩的、有着复杂编码的信息。

亲密的朋友之间的沟通效率会很高，不需要花费很大力气就能理解对方。相反，餐厅里一对第一次约会的情侣却需要非常努力，而且经常会理解错误。话虽如此，陌生人却可以学得很快。伊克斯发现，他们交换的信息越多，就越能读懂对方的心思，尤其是当他们找到一些共通点或共同的兴趣爱好时。朋友之间会比陌生人之间交换更多的信息，因为谈话更自由。但值得注意的是，这基本与他们个人的共情准确性关系不大。

这就引发我们想到了一些重要问题。朋友和陌生人对于双方提出的新信息的处理方式是不同的。陌生人会密切关注，因为这有助于他们更好地理解对方。亲密的朋友往往会依赖于对彼此已有的了解，而忽视新信息的重要性。他们不会那么认真地听，因为觉得没有必要。

总的来看，在夫妻共情准确性测试中，男性的表现不如女性。证据表明，这并不是因为男性的共情能力较差，只是他们去尝试的可能性更低。在提供现金以鼓励准确度的实验里，男性和女性的表现是没有差异的。所以，男性并不是不能察觉伴侣的想法和感受，而是在大部分时间里，他们嫌麻烦而不作为罢了。

我们理解了能够读懂别人的能力和愿意去尝试的动力之间所存在的联系，这有助于解释关系科学领域里一个让人费解的发现：虽然伴侣在共处的最初几个月或几年中能越来越准确地读懂彼此的想法，但他们在一起的时间越长，越无法了解对方。

在最初的那几年里，伴侣关系中的双方各自都会建立起一个关于对方的心理模型，并通过此模型来解释伴侣的任何言行。假设这段关系很好，那么这个模型就会相当准确。用统计学家的语言来说，它将很好地契合这个人的真实状态。你会越来越了解你伴侣的喜好和性情。如果他（她）早上表现得脾气暴躁，你知道那可能是因为他（她）夜里没有睡好觉，或正在为工作而烦恼。如果他（她）问你昨晚在外面干什么了，你也能分辨他（她）是真的想知道还是在为你不着家而恼火。伴侣的许多言辞对旁人而言会难以理解或毫无意义，但你却能瞬间明白其中的含义。

这样的模型非常奇妙，但它在实现高效的同时也逐渐失效。一旦你认为已经完全了解了你的伴侣，你将不再注意到有关他的新信息。你甚至可能会相信，你比他更了解他自己。然而，无论你和你的伴侣有多亲密，你们每天的经历都是不一样的。虽然人们的性格往往不会随着年龄的增长而发生本质转变，但确实会不断地发展和变化。随着时间的推移，之前建立起来的模型和这个人之间的差距会越来越大，于是你对伴侣的解读偏差也会越来越大。模型变成了对某个人的刻板印象，形象勾勒简单而不充分。如果这样的情况持续很长时间，它可能会以某一天突然的破裂而宣告终结，比如当你的伴侣转身告诉你他（她）决定要分手。

经常相互交流并不意味着你们就能避免这个陷阱。我们被引导相信更多的交流会带来更多的理解。这听起来很有道理，但几项研究发现，共情准确性与夫妻沟通的频率或清晰度之间没有相关性。事实上，沟通越多可能导致越无法相互理解。正如关系科学家和婚姻冲突专家艾伦·西拉斯（Alan Sillars）对我说的："说出来并不总是有效。它可能会让事情变得更糟。"如果其中一方或双方的模型已经成为一个扭曲的镜头，那么各方都在持续地、错误地假设对方的想法。他们礼貌地进行交谈越多，关于对方的误解就积累得越多，也会因为对方对自己的不理解而感到越来越沮丧。

有些夫妻之所以能够避免这种宿命，正是因为他们从来没有建立起对方的有效模型。根据伊克斯的观点，最有可能保持共情准确性的夫妻是那些"一直不清楚对方的偏好或不愿迁就"的夫妻。换句话说，无知和固执对维持良好的关系起着一定的积极作用。所以，有时候不灵活也是件好事，即使它会制造冲突。

事实上，制造冲突才可能是关键所在。"倾听是实现理解的一条途径，"艾伦·西拉斯说，"否定也是一种。"在激烈的争论中，你更有可能听到你的伴侣真正的想法和期望，也更可能看到他们真实的样子。"冲突会为我们提供很多信息，"尼古拉·奥瓦若说，"人们在冲突中的回应方式在很大程度上可以让我们得知他们是否愿意配合，是否可以被信任，以及关注的是什么。"在一段关系中发生冲突不是一个不幸的意外，而是了解他人的一种方式，尤其是那些我们最熟悉的人。

2010 年，美国研究人员吉姆·麦克纳尔蒂（Jim McNulty）和米歇尔·拉塞尔（Michelle Russell）对两项关于夫妻关系的纵向研究数据进行了分析。他们发现，在研究刚开始的阶段，那些为相对琐碎的问题而争得面红耳赤的夫妻，四年后不太可能拥有幸福的婚姻；而那些就更深层次的问题（如钱财或药物滥用）进行激烈争论的夫妻，在研究期结束时更有可能对婚姻感到满意。

麦克纳尔蒂在另一篇论文中指出，如果给一对遇到严重危机的新婚夫妻提出需要"保持积极"这种通用建议，比如要一直互相关爱和包容，甚至可能会伤害这段关系，因为它阻止了夫妻两人去正视他们之间的问题。间接合作这种更柔和、微妙的方法可用于处理小问题，比如周末该谁开车送孩子去踢球，但对于解决一些真正重要的问题，比如伴侣是否酗酒，就不那么有效了。

"负面直接"在解决棘手问题上似乎是一个至关重要的因素。拉塞尔告诉我："在短时间内，负面的行为可能会让你感觉很糟糕，因为没有人喜欢被指责或被告知他们错了。但它可以产生一种激励作用，并真正触及问题的根源。"有时候，夫妻中的一方根本就没有意识到某件事情是个大的问题，因此另一方需要直截了当地言明。"可能会用一些强烈的情绪反应（如大喊大叫和愤怒）来向对方表明某件事情对他们来说有多重要。"拉塞尔告诉我。

换句话说，偶尔的争吵是有用的，因为可以更新我们大脑里的模型。在争吵中，人们毫不拘束地说出自己的想法，暂时抛开所说的话会影响夫妻关系的顾虑，以求得到对方的正视与关注。这意味着对方在向你传递有关他们状况和感受的新信息，无论是直接地还是间接地传递。一场好的争论可以打破我们大脑中形成的刻板印象。

在 2018 年发布的一项研究中，尼古拉·奥瓦若找到证据证明了"负面直接"的另一项好处：表明你们在乎对方。奥瓦若招募了 180 对伴侣，并让他们各自单独说出在关系中长期存在的一些希望对方能做出改变的问题。然后每对伴侣会被带到一个无旁人的房间里，就其中的一个问题进行讨论，之后他们往往会陷入激烈的争论之中。整个过程都会被房间里一些隐秘布置的摄像头拍了下来。

奥瓦若和她的团队对被试伴侣之间的交流互动方式进行了编码，然后在接下来的 12 个月里对他们展开回访。她从中找到了一点能确切表明"负面直接"的争论有利于两人关系的健康发展。若主张改变的一方之前遭伴侣质疑在关系中不够投入，那他所表现出来的愤怒，甚至是敌意，却恰恰证明了他事实上非常在乎。愤怒本身就是一种信息。"表达负面情绪可以传递出你的投入。"奥瓦若说。

同样的原则也适用于其他类型的亲密关系。家长们不能指望问一句"我们之间有什么问题吗"，就能更理解他们处于叛逆期的子女。但孩子的施压和对抗却能明确地警示父母去了解自己的孩子的感受。父母如果想更深入地了解自己的孩子，就不能只简单地指望他们遇到问题就会对你敞开心扉。更好的相互理解是在如艾伦·西拉斯所说的"频繁而无拘束的对话"过程中形成的。如果你能一直坦诚面对遇到的各个小问题，哪怕会让你很恼火，那么当大的问题出现时，你处理起来就会相对容易些。

"我们依旧不太能想象剧烈而艰难的冲突具有建设性的作用，"西拉斯说，"对抗的结果可能会让关系在某些时候深陷困境，但如果这能有利于找到新的平衡，那么对关系中的人来说最终是会更好的。"米歇尔·拉塞尔也持有相同的观点："从整体来看，心理学常常低估了消极行为和情绪的价值。它们其实很有用，也可以调解适应。有时候，你就是需要让自己接受不好的感受。"

＊＊＊

争执可能比我们想的更有用一些，但毫无疑问它也具有破坏性。如何区分争执的好坏呢？要回答这个问题，我们需要先了解一些关于人们如何沟通的基本知识。

在艾伦·西拉斯进行的一项实验中，拍摄了一段妻子和丈夫讨论他们婚姻的视频。之后，他让这对夫妻分别观看这段视频，并做出评论。以下是丈夫评论的一个样本：

- 好吧，佩妮开始说起来她觉得在她之前生病住院的时候我不够有担当……但我认为自己当时承担了很多。
- 这就是我在家时总要面对的情形。我想，我并没有经常外出。
- 这里我只是想试着给佩妮解释，她在我心里一直都是最重要的，尽管有时候我看起来似乎对其他事情更上心。

以下是妻子评论的一个样本，和上面丈夫的样本同步：

- 我觉得他那会儿是在试图逃避真正的问题，所以我又开始感到难过和生气了。
- 我只是想让他理解我在说什么，所以当看到他一副心不在焉傻笑的样子时，我就被激怒了。

- 我感到很受伤，因为他没有真正在听我诉说我的感受。

你可以看到这里出现了错位。丈夫专注于所说之事的字面意思——某个被提及的事件和表面上的争论点，如他是否经常外出。而与此同时，他的妻子则是越过争论点去关注这段谈话本身。她谈到了自己在那段谈话中的感受，以及觉得丈夫想要逃避真正的问题。

在任何对话中，我们都会对两方面做出回应：（1）表面上讨论或争论的内容，无论是金钱、政治、家务还是其他事情；（2）体现相互之间关系的信号，也就是如何看待自己与对方的关系。内容层面的回应是明确的，完全可以用语言来表达，也有充分的、具体的、真实发生的事件作为参照，比如某人赚了多少钱，或者药物政策的对错。关系层面的回应则是含蓄的，信息在很大程度上不是通过具体语言，而是通过语言中包含的语气和交流方式（热情或冷淡、调侃或讽刺、活跃或沉默）来传递的。在内容层面，是信息的交流；在关系层面，是信号的交换。

若双方在关系层面基本达成一致，也就是各自都比较满意对方对自己的认知，那内容层面的交流就可以顺利进行。问题能得到解决，任务能得以执行，想法能开始酝酿。若双方在关系层面存在着并未道明的分歧，那由此而带来的碰撞火花就会扰乱内容层面的交流。其中一方或双方会发现自己很难专注于本来打算谈论的内容，因为他们陷入了另一场语言之外的不明挣扎之中，想要努力获得对方的尊重和关心，或仅仅是注意。这样的分歧要么使双方陷入僵局，要么会引爆一场破坏性的争吵。

婚姻冲突专家西拉斯曾观察并归类编码了数百次这样的对话。根据他的说法，婚姻中的分歧一开始变得很严重，经常可能是因为其中一方只关注对话的内容层面，而完全不去留意关系层面的变化。当然，也可能是因为相反方向上的错误：其中一方对关系层面过高地警惕，以至于误解了对方说的话，主观臆断对方在影射或冒犯自己。

你大概不会感到惊讶，数据显示男性更容易犯第一种错误，而女性更容易犯第二种错误。事实上，男性常常太过沉浸在自己的话语中而注意不到伴侣发出的关系信号。西拉斯发现，"丈夫关注自己比关注伴侣更多，而妻子关注伴侣比关注自己更多"。当然，这种混乱在两个方向上都有可能发生。无论哪种情况，对关系层面更敏感的人，更容易被争吵弄得心烦意乱。当伴侣双方对两个层面都抱有相同程度的关注时，更有可能让争论有所成效。

如何实现这一点呢？如果你对关系信号特别敏感，试着不要让它们主导你对每一次谈话的看法。当你的伴侣看起来烦躁不安或心事重重时，不要假定原因在你，而是听一听伴侣会说什么，并参与到谈话中去。而另一方面，如果你觉得自己可能会被谈话内容完全包裹起来而忽略了关注伴侣的感受，就试着改变一下，多注意伴侣发出的非语言信号，比如说话音调、面部表情和身体语言，否则即使你听到了他们说出的话，也并未理解他们真正要表达的意思。

***

如果说冲突能在恋爱关系中发挥意料之外的积极作用，那么在同事关系中又有何作用呢？工作从来都不仅仅关乎工作。我们的工作内容总是与我们对同事的感受绑定在一起，无论好坏。在办公室里我们甚至会感觉比在家里更需要去避免分歧，以及随之而来的压力和负面情绪。

现代职场非常重视同事之间的相处。这是件好事，但却意味着即使我们对某个人的行为感到不满是完全合理的，也往往会选择不表达出来，因为觉得这样做更明智。然而，未公开的冲突并不会消失，会转而表现为办公室政治——大规模的被动攻击。研究企业的学者们发现，那些最糟糕、最不具成效的职场文化中，充斥着被动攻击。这就是为什么最成功的公司都会坚决致力于把内部矛盾公开化。妥善处理冲突可以使同事之间的关系更加紧密。

美国西南航空公司大概是历史上最成功的航空公司。2019 年，这家总部位于得克萨斯州的廉价航空庆祝其连续 46 年实现了盈利。这在一个不稳定的行业中创造了独一无二的纪录。在解释西南航空公司成功的原因时往往会提到其魅力十足的前首席执行官赫布·凯莱赫（Herb Kelleher）。他于 1967 年与人共同创立了这家公司，2019 年去世。他是一位无比温和的人，他以自己的形象建立起一种企业文化——欢乐热情、风趣幽默。布兰迪斯大学（Brandeis University）管理学教授乔迪·霍弗·吉特尔（Jody Hoffer Gittell）认为，这家公司的成功并不仅仅归功于他们的热情好客或者会弹尤克里里的行李管理员①，而是员工之间的沟通方式，其中包括他们如何处理内部冲突。

吉特尔在 20 世纪 90 年代花了 8 年时间来研究航空公司的企业文化。她采访了航空公司从最高级到最初级的员工，重点关注美国航空（AA）、联合航空和大陆航空等大型航空公司，然后找到了实现盈利的最大障碍——派系斗争。为了让一架满载乘客的飞机顺利完成飞行再返回，需要

---

① 一位西南航空公司的行李管理员会在工作的闲暇之余为登机的旅客弹奏欢乐的尤克里里乐曲。——译者注

多个职能角色的共同参与，如飞行员、乘务员、登机口工作人员、票务人员、机坪操作员、行李转运操作员、机舱清洁人员、餐饮服务员、飞机加油员和机械师。吉特尔发现，这个行业有一个传统，那就是这些不同的职能部门之间存在着基于身份地位的竞争。美国航空的一位机坪操作员给她解释了这个行业的潜规则：

> 登机口和票务处的工作人员认为他们比在机坪工作的人地位高，机坪操作员认为他们比机舱清洁工地位高，机舱清洁工又看不起航站楼清洁工……机械师们则认为机坪工作人员就是一群行李搬运工。

员工们用嘲讽性的名称称呼其他职能部门的同事（"乘务垃圾""机坪老鼠"），并狂热地捍卫着自己在这个上至飞行员下到机舱清洁工的严格等级制度中所处的阶层。美国航空公司的一位站长向吉特尔坦言，机坪工作人员"有一种巨大的自卑感……飞行员不太尊重他们"。一位机舱清洁工抱怨说："空姐们要五个人挤在一个公寓里睡觉，还认为她们比我们地位高。其实她们也就是天空中的服务员而已。"

吉特尔委婉地表达，航空公司的不同职能部门"通常缺乏共同的目标或相互的尊重"。在研究过程中，她一直听说有一家叫西南航空的航空公司非常与众不同。于是她开始着手研究这家公司，并发现它果然跟其他航空公司形成了鲜明的对比。西南航空公司不同职能部门的员工似乎都互相尊重，甚至互相喜欢。飞行员很感谢机坪操作员的工作，清洁工与机舱人员也能相处融洽。这种体现尊重的文化不仅使西南航空公司成为一个具有吸引力的工作地，更是其保持盈利的重要原因。

凯莱赫和他的联合创始人罗林·金（Rollin King）的愿景是向市场提

供距离在 500 英里 ① 以内的高频度的廉价航班。这种想法很有勇气，因为短线航班的成本会高于长线航班。飞机在地面上停留的时间越长，赚的钱就越少，而短线航班的飞机会更频繁地降落回到地面。西南航空公司这一有悖常理的策略之所以能够奏效，是因为它坚持不懈地专注于缩短周转时间，以最快的速度为下一趟航班做好准备。如果没有航空公司所有职能部门的高度协调，快速周转是不可能的。飞行员、乘务员、行李处理人员以及其他工作人员必须就过程中遇到的任何障碍不断进行沟通，并快速找到解决方案。要做好这一点，他们需要和睦相处，并关注公司的整体利益。西南航空公司的协作文化让它拥有业内最快的登机周转率。该公司的一位经理告诉吉特尔："有时候我的朋友问我，你为什么喜欢在西南航空公司工作？我回答说因为大家都相互关爱，尽管这听起来可能有点可笑。"

　　西南航空公司各部门员工之间并不是没有冲突。在任何需要大量密切复杂协作的活动中，争论和烦恼都是不可避免的。但他们并没有将对彼此的不满转化为过激的反感，而是直接敞开来谈。正如一位站长所说："西南航空公司的独特之处在于，对待冲突，我们的态度相当主动。势力之争总会发生，但我们会尽一切努力将它遏止在萌芽阶段。"

＊＊＊

　　直到最近，研究管理的学者们都认为，工作场所中发生冲突会影响生产力。但就像婚姻关系一样，现在人们越来越认识到，冲突可以带来积极的影响，而一味去避免冲突反倒是有害的。在"避免冲突"的工作场所，员工们只会把冲突看作一种危险的、必须回避的破坏性力量，从而导致意

---

①　1 英里 ≈1.61 千米。——译者注

见分歧转为被动攻击。一家在线教育机构内部就形成了这种企业文化，其中的一位员工告诉领导力专家莱斯利·珀洛（Leslie Perlow）："我很早就注意到同事之间并不坦诚相待……当他们有怒气时，却会微笑；当他们内心深处完全不赞同时，却会点头。大家假装接受存在的分歧，以维持相互的关系和业务往来。"

任何一家企业都会面临一项重大难题，那就是如何确保其员工不会将冲突视为个人的对抗。管理学界对任务冲突和关系冲突进行了区分：前者是就如何解决问题或做出决定引发争论，后者则是上升到个人的层面。遇到任务冲突，即使冲突非常激烈，只要参与者致力于解决同一个问题，就可以实现协作、带来成效。在不久之后我们就能看到，它可以引出新的信息，激发批判性思维。关系冲突自然伴有竞争性，还经常带来破坏性。存在个人冲突的群体易做出不良的决策，且群体中的人也不会感到快乐，还会缺乏动力。这一点在对学生、专业人员、蓝领工人和高管团队的研究中都有体现。

任务冲突和关系冲突之间的边界很模糊：因工作任务而产生的冲突往往会滑向个人竞争。有证据表明，当人们把争论理解为人身攻击时，认知功能就会出现障碍。主要表现在两个方面：第一，他们的思维变得僵化，坚持自己选择的第一个立场，即使被证明是错误的；第二，他们陷入有偏见的信息处理模式，只吸收那些能够巩固自己已有立场的新信息。简而言之，他们变得只专注于证明自己是正确的，而不顾这对群体而言是否正确，这就导致了群体本身水平的下降。

组织心理学家弗兰克·德·威特（Frank de Wit）研究了心态的不同是如何导致任务冲突转为关系冲突的。他类比了压力科学中常用于运动心理学的一对概念：威胁状态和挑战状态。当人们在评估一个难度可能会很高的任务时，例如完成一次高尔夫球推杆或公开演讲，他们会本能地计算自己是否拥有足够的能力去解决它。如果答案是肯定的，他们就会进入心理和生理上的高度准备状态——挑战状态。如果他们觉得自己可能不堪重负，就会集中全身心的力量进入抵御的状态——威胁状态。

挑战状态和威胁状态有不同的生理表征。在挑战状态下，心脏跳动得更快也更有效率，会最大限度地将血液送到大脑和肌肉中；在威胁状态下，心脏跳动虽加快，但不会泵出更多的血液，心脏中的血管会增加阻力，收缩血流。人在感到焦躁不安的同时还会觉得被困住，而这就是典型的焦虑时的感受。挑战状态也涉及一定程度的焦虑，但会将其转化为身体和认知上的动力。在实验室实验中，处于挑战状态的人比处于威胁状态的人更具运动控制能力，在对脑力有较高要求的任务上也表现得更好，比如脑筋急转弯。

在一系列实验中，德·威特研究了人们在小组讨论中面对直接分歧的反应。他会监测每位被试的生理反应，同时评估他们的辩论策略。被试被测量出的心血管参数越偏向威胁状态，他们就越不容易改变自己最初的意见，同时也越可能屏蔽掉那些无助于他们赢得争论的信息。而处于挑战状态的被试会更乐于接纳不同的观点，也更愿意修改自己之前的假定。

当人们感到有挑战但不受威胁，并自信可以不失体面地处理好分歧时，就不会极为强硬地捍卫自己的观点。这样能防止讨论演变成个人竞争，小组成员便可以专注于解决当前的问题。

不同的管理者对待团队冲突有不同的解决方式。有的人试图完全避免冲突，有的人则积极培养对抗的文化。有研究人员在 20 世纪 90 年代末调查分析了一家成功的科技公司，发现"无论是男性还是女性高管，都需要遵从一条主导原则：不留情面的诚实和有所控制的愤怒。这两点虽常以大声争论的形式联合呈现，却像一场提前写好脚本的戏剧表演"。社会学家卡尔文·莫里尔（Calvin Morrill）研究了一家名为 Playco（化名）的科技公司，发现其文化的核心也是戏剧性的对抗。一位员工如此描绘 Playco 强势高管的形象："一个强硬的混蛋，不畏惧与同自己有分歧的人对峙，深谙职场之道，无论输赢都保持荣誉和尊严。"上级和下级会长期进行"格斗"，每一次总有一方将被判定为"获胜"（不一定是上级）。"格斗"中的技能是评定结果的关键组成部分。一位 Playco 的高管说："我们是在猎物周围伺机而动的鲨鱼。如果有人咬了你一口，你也要咬他一口。"

对抗性文化可以促进快速决策，因为薄弱的论点会被迅速淘汰。这种文化最适用于那些争相去应对变革的企业。但因为它鼓励激烈的个人竞争，会分散对当前任务的注意力。我个人认为，这种文化也很适合那些令人讨厌的混蛋。理想的情况是这样：在企业文化里，冲突都会公开进行，且每个人都致力于确保群体是正确的，而非证明自己是正确的，同时把不同意见视作一种需要应对的挑战，而非一种需要抵制的威胁。

在一家充满恶意对抗或被动攻击办公室政治的公司里，如果你是一名初级员工，大概改变不了什么，只能尽量不要被这种文化所同化，并考虑换一份工作。然而，如果你是一个领导者，就有很多可做的。你可以与身边高资历同事一起来示范积极分歧，无论是间接的还是直接的分歧，让每个人都知道，在这里大家可以激烈地反对对方的意见，但仍能友好相处。你可以向团队成员表示，如果你公开反对他们的意见，不是因为不尊重他们，而恰好相反。在必须快速做出艰难决策的工作场所，沟通需要直击要害，不花时间在微妙的或礼貌的表达上。一位研究压力下的领导力的心理学家内森·史密斯（Nathan Smith）曾告诉我，他建议医院的高级医师让初级医护人员提前开始适应这种互动方式，这样，当针锋相对的时刻来临时，他们就不会感到自己在遭受人身攻击。

企业也可以引入一些简单的程序，让员工心里的郁结得到释放和疏解。乔迪·吉特尔的研究显示，在解决冲突的问题上，西南航空公司是所有航空公司中表现最为积极的。据她分析，这实现了更快的周转时间、更高的生产力和更少的客户投诉。西南航空公司的一位员工告诉吉特尔："当真有问题出现的时候（不同职能部门之间），我们会举行一个'摊牌会'来共同解决。在其他航空公司可能战火纷飞，而在这里，我们的目标是维护每个人的尊严。"这些会议在被冠以"摊牌会"这个昵称之前，曾被正式称为"信息收集会"。会议有一个固定的模式：一方提出他们对问题的看法，然后另一方提他们的看法，直到就某个推进的方案达成一致。

吉特尔所调研的其他航空公司的经理们都试图无视内部分歧。后来当其中的美联航公司成立一个新的部门"联合专线"时，其领导人决定效仿西南航空公司积极应对冲突的做法。在专线的业绩超过公司其他部门后，主线业务也开始召开冲突解决会议。一位机坪经理告诉了吉特尔前后所发生的变化："从前我们会责怪他们，他们也会责怪我们，于是大家开始举行联合会议，每个月两次。最初的时候，这些会议基本是泼妇骂街，而现在已经演变成'这个可以交给我''那个我可以完成'。"他仍记得具有转折意义的一次会议，回忆道："会议的一开始，大家是在攻击管理层以及相互攻击。特里（一位高级经理）带着挂图白板走了进来，觉得现场过于混乱。但查理（一位中层经理）却说这是我们开过的最好的会议。每个人都说出了自己的想法，大家都在说'我们接下来要这样做'。"

***

现代人际关系学的创始人之一约翰·戈特曼（John Gottman）提出，对彼此关系伤害最严重的行为是蔑视，因为蔑视代表着对另一个人的攻击，而毫不关注问题本身，也毫无实现共同目标的意愿。尼古拉·奥瓦若赞同蔑视具有破坏性，但她也认为这其中同样可能隐藏着有待被发现的信号。她说："我相信，所有的情绪都是重要的社交信息。即使是面对那些让人很难接受的负面情绪，你有时也能察觉到对方一丝的想法，感受到他们的不满和痛苦。"这并不意味着你总是应该设身处地去理解负面情绪，"有时候，你得到的信息是这个人不值得信任，他对你不守承诺。最终的目标并非总是要去找到一个解决方案，有时候你需要做的是结束这段关系！"但这的确可以看出，负面情绪在一段良好的关系中是能起到一定作用的。

当然，争吵潜藏着失控的风险，可能会破坏我们与伴侣、朋友或同事的关系。对这种风险的担忧导致我们中的许多人会尽可能地去避免冲突。这也是我们即使面对轻微的对抗也会感到有压力的原因。然而，我们往往低估了不将分歧公开的风险。如果我们不让关系去承受开诚布公的争论下相对较小的压力，至少有两方面的危险会开始显现。

其一是我们的沮丧感不会消失，转而表现为低水平的攻击。研究者们在许多有关人际关系复杂性的问题上存在分歧，但其中有一项发现却是大家都明确的：被动攻击没有任何有效作用。证据表明，"间接反对"几乎都是浪费时间，无论是在家里还是在工作场所。它既不能促使任何人改变，也不能解决任何问题，只会消磨信任。如果我们经常这样做，那是因为想让对方知道我们的不满，但又担忧对抗可能带来的结果而不敢直面。

其二是我们不再继续了解对方，直到有一天发现一切为时已晚。你能从一场争吵中获得什么呢？你可以了解到对方真正在乎的是什么事情或什么人，还可以了解到对方是如何看待他们自己的，而这可能与你对他们的理解很不同，无论你自认为有多了解对方。同时，你还可以了解到他们是如何看待你的。

在适当的情况下，冲突既能把人团结起来，也可以迫使人们换位思考，更深入地考虑当下试图完成的任务，并萌生新的想法。换句话说，它可以让我们变得更聪明、更有创造力。这正是接下来两章要讨论的内容。

第3章

# 冲突如何让我们变得更聪明

> 协作性的分歧争论是发挥群体智慧的最佳方式，因为它将我
> 们通常理解的"不讲理"变成了一种品德。

如果我让你想象，某个人在进行一些非常深入的思考，你可能会联想到类似罗丹的《思想者》这样的作品。一个孤独的人完全沉浸在内省中，探索自己心灵的最深处。这种适合独自进行的，关于思考本身的思考是比较现代的概念。在更古老的传统中，思考和推理本质上是互相作用的，是发挥群体智慧的一种方式。

让我们来看看最早的思想家。西方哲学之父苏格拉底并没有把他的思想写下来，所以我们只能通过与他同时代人的记载来大致了解他。苏格拉底之所以不信任"写作"这项新技术，是因为觉得它不能及时回答问题。他更喜欢当面交谈，特别是和那些自认为与他的观点不同的人。常用的诀窍是通过温文尔雅的提问，来让对方看到其实他们并不同意自己的观点。

苏格拉底认为，辩论是消除愚昧和甄别谬误的最好方式。他经常在雅典的城市广场上和当地最受尊敬的知识分子们进行面对面的讨论。他常用的策略是邀请某个人提出一个观点（比如正义或幸福的本质是什么），然后再问他们：何以得出此结论？为何能如此肯定？能解释这些例外吗？最终，在他坚持不懈的追问下，让对方发现自己最初的信心建立在非常薄弱的依据之上。苏格拉底并不是要羞辱任何人，而是在告诉众人，我们知道的远比我们自己认为的要少。

芝加哥大学哲学教授及古希腊人研究专家阿格尼斯·卡拉德（Agnes Callard）为我讲解道：苏格拉底不仅是一位有独立见解的思想家，还是一位创新者。他最早提出，当有两方或两方以上参与者以不同的角色展开讨论，而非只听一家之言时，我们才能更快速地、有效地找到真理。卡拉德把这种方法称为"认知劳动的对抗性分工"。一方的任务是抛出假设，另一方则负责将之拆解。人们可以共同提出不同的观点以获得真相——就像在现代法庭上，检察官和辩护人通过驳斥对方的论点来共同寻求正义。

然而，理论是一回事，实践是另一回事。苏格拉底必须发明一种新的可行的方法，灌输一套新的社会规范。他的对话者们并非不习惯于辩论，毕竟他们身处雅典。这是一座以其蓬勃的民主制度为荣的城市，这里的每个人（须为有财产的男性）都可以自由地在公开场合表达自己的意见。然而，雅典崇尚说服文化，所以大多数雅典人把分歧视为零和游戏：要么赢，要么输。争论是实现有利结果的手段，进而达到政治目的。雅典也崇尚更高人一等的文化，所以人们争相成为最优秀的演说家、最娴熟的辩论者。他们追求的不是真理，而是名望。

因此，苏格拉底必须树立一种新的、不同的对话模式。卡拉德说，有时候苏格拉底会在对话进行中暂停话题的讨论，以便向对方解释他们双方正在干什么。他会说，我不认为自己比与我交谈的人更高明。质疑不是为了地位竞争，而是为了检验论据。需要花时间去理解对话者的观点，而不必急着找寻答案——我们只是试着多了解对方一些。与别人争论是尊重对方的一种表现。"希庇亚斯，我不质疑你比我更聪明，但别人说话时我都会仔细聆听，特别是如果说话者在我看来是很有智慧的时。我渴望了解他话语中的含义，所以会刨根问底……我能从中学习。"[①]

苏格拉底努力向他的雅典同胞们表示，他辩论从来都不是为了打败对方，也不是想从中获利或别有用心，只是为了消除谬误而让大家一同参与到探索当中。在苏格拉底之前，没有人以这种方式辩论，所以他需要在过程中一次又一次地描述他正在做什么。这就像在为一座大教堂的修建奠基石：我们在哲学和科学领域的自由探索都源于一个前提，那就是探索本身即为一个有价值的目标，持不同观点的人可以共同去追求它。

对苏格拉底的听众来说，这种辩论方式闻所未闻，有些奇怪且令人不安。雅典的知识分子们在他们的论点被苏格拉底拆解掉后会感到很不自在，有时还很沮丧。我会丢面子吗？辩论的结果会让我看起来很差劲吗？于是苏格拉底不得不做很多安抚工作，或者毫不夸张地说是做愤怒管理。卡拉德为我指出柏拉图的《理想国》里这样一段描述：

> 当我们在说话的时候，特拉西马库斯（Thrasymachus）曾多次试图掌控话题，但都被坐在他附近的人制止了，因为他们想听完我们的观点。然而，当我们一段发言结束讨论暂停时，他再也忍不住了，像

①　摘自《小希庇亚斯篇》（*Hippias Minor*），苏格拉底的学生柏拉图对其部分对话的记载。

一头蓄势待发的野兽愤怒地冲着我们大喊，似乎要把我们撕成碎片。

苏格拉底被雅典人视为一个大麻烦，像牛虻一样到处乱叮。在他的一生中，遭遇的人身安全威胁不断，并最终被判处死刑。卡拉德觉得这毫不意外，倒是应该惊讶他竟然能活那么久。雅典人当时还不习惯于提出反驳的人其目的不是要战胜他们或劝说他们应该做什么。卡拉德说："他们让苏格拉底一直发展着他的事业，为什么没有变得愈加愤怒呢？"她认为是因为苏格拉底总是努力去缓和不安感。他竭尽全力想让雅典人知道，在协作性分歧中总有人是错的，但被证明是错的不仅可以接受，还值得庆幸。比如在《高尔吉亚篇》（*Gorgias*）中，苏格拉底对卡利克勒斯（Callicles）说："如果你反驳我，我不会有像你对我那样的不满情绪。相反，我会视你为伟大的恩人。"

西方哲学的其他奠基人采用并发展了苏格拉底的思维方法。我们对苏格拉底的了解正源自他的学生柏拉图。柏拉图记录了一系列苏格拉底对话录，以表达他自己的思想。柏拉图的学生亚里士多德则写了一本关于如何成为一个高效辩论者的教科书，并发展出修辞艺术，也就是一系列说服他人的技巧。然而，对于这些思想家来说，观点的碰撞绝不仅仅是一场说服力的较量，而是一种能激发出真理，或者至少是消除谎言的方法。显而易见，希腊人还创立了戏剧——一种从冲突中提炼真理的故事讲解形式。

在中世纪的欧洲，基督教学者们将希腊人制定的规则融入专门组织的辩论实践当中。这种形式最早在修道院发展起来，而后进入早期的大学，用于教授和揭示神学与科学中的真理。辩论既在师生之间私下进行，也在大学社区里公开举办。每次都遵循类似的模式。先提出一个问题，然后搜寻并审视支持该问题某个答案的论点，再考虑支持相反答案的论点。接下来对这些论点进行相互权衡，以便从两个答案之中做出选择，或找到第三个答案。辩论是有竞争性的，目标是说服对方或听众。但人们也相信，通过从不同角度审视一个问题，可以发现新的真理。这种做法本质上是苏格拉底式的对话，但更规范化，规模也更大。这一时期的历史学家将之称为"冲突的体制化"。

体制总是容易停滞不前。在16世纪文艺复兴时期，思想家开始批判大学沉溺于枯燥的知识辩论，脱离现实世界。但真正让这种形式显得过于陈腐的是17世纪的法国哲学家勒内·笛卡尔。他把当时的学术辩论讽刺为一场虚假的游戏，只关乎输赢，而不去追求新的真理。独自坐在壁炉旁的笛卡尔发明了一种新的哲学，基于对自己存在的肯定（"我思故我在"）。笛卡尔说，如果你想得到真理，就从内心去找寻。

宗教改革运动强调个人良知，鼓励这种转向自己内心的沉思。同时，印刷术的发明也是对传统辩论形式的一大冲击。书籍的传播意味着人们可以自学，不用被迫去与那些能言善辩的老师们进行争论。到了18世纪，启蒙运动的哲学家们将个人理性视作人类的最高天赋。伊曼努尔·康德则认为理性行事存在于一个人思想的最基础的结构之中。而在此之前，做出一个"判断"只是被视为一种"行动"，如官员在公共场合所进行的某项举动。康德首次将其构想为一种精神活动，一种个人的认知行为。

于是，知识的探索开始被视为是在个人大脑中进行的活动，而只有那些摆脱了古代学者所制定的传统框架的杰出个体才能取得重大突破。以牛顿为代表的天才思想变成了最高的智慧。而讽刺的是，在这种推崇个人思想的时代，思考却比以往任何时候都更富社会性和争论性：大家纷纷组建科学学会、哲学家们互通信件、知识分子聚集在咖啡馆里交换信息和辩论观点。

即使思考变得更加社会化，对思考本身的思考却变得更加抽象。在 19 世纪和 20 世纪初，关于理性的研究，也就是现在被称为形式逻辑的研究，变得越来越数学化。一个论点的正确性是可以用代数符号去计算的。普通的人类语言则无法做到这一点。在苏格拉底身处雅典中心与所有来者进行辩论的两千年后，推理研究变成了真正的非社交性。

我们在思考怎样做出好的决策和判断时仍然习惯着眼于个人。我们倾向赞美某位思想家、发明家或科学家个人，而不是让他们成长起来的群体或环境。心理学家研究的也是个人的大脑运作，并分为系统一和系统二，即有意识和无意识的精神活动。脑成像技术的出现更是加强了人们对这个领域的关注。神经科学家虽然可以看到某个人大脑的图片，但还不能精确地研究当这个人与他人发生互动时大脑会发生什么（核磁共振成像仪只能容纳一个人）。所以，除了一些特殊情况，几乎没有这方面的研究。

然而，思考不仅存在于我们个人的大脑中，也发生在与他人的互动过程中。我们对个体的关注意味着可能低估了分歧在提升洞察力、激发新想法及判断决策等方面的作用。

\*\*\*

研究群体决策的科学家观察到，当一群有着聪明才智的人聚在一起，如果没人提出不同意见，就很可能做出错误的决定。主要有以下两种情况。较为明显的一种是按照顺从的意愿去行事，即遵循团队里占主导地位的一个或几个领导者。一个观点一旦成为主流，群体便涌向一个最终决定，而不再去充分探究潜在的隐患或替代方案。社会心理学家欧文·贾尼斯（Irving Janis）在 1972 年首先命名了这一现象——"群体思维"。它的问题简单来说就是整个群体的行为模式就像一个易冲动的人。第二种情况与第一种相关，但更微妙，被称为"共享信息偏差"。当房间里的每个人都认为其他人比自己更了解当下的话题时，就会发生这种情况。由于大家不会去相互质疑，最终讨论就只能停留在表层。箭牌口香糖企业家小威廉·里格利（William Wrigley Jr.）曾说过："当两个人总是意见一致时，其中一个人就是多余的。"

在争论一个问题的过程中会引出新的推论、信息和见解，否则这些内容就会只停留在参与者各自的大脑里。在当下，我们着力主张构建多元化的团队，这不仅是追求社会平等，还因为参与者的视角越多样化，讨论就越富有创造性和洞察力。只有当团队中的成员都准备好开诚布公地挑战彼此时，它才能得以实现。分歧可以让多样性的优势充分发挥出来。

正如苏格拉底所体会到的，这些想法在理论上可能都很好，但在实践中，人们却很难愉快自如地提出反对意见。对共识有异议的人往往不受待见，于是分歧可能会变成一场口水战。在群体思维的概念广为人知后，一些企业开始寻找方法来防止团队过早达成共识，或将事情升级为个人恩怨。他们采用了欧文·贾尼斯提出的一个解决方案：指派一名"恶魔的代言人"。这种做法起源于罗马天主教会。当一个人被提议封圣或加冕时，"恶魔的代言人"就会被请出来，证明该候选人不够资格。理论上来说，通过明确要求团队中的某个人对达成的任何决定提出反对意见，就能有所收获，因为这会迫使此人提供新的信息和更好的解决方案，而且不会伤及团队和谐。

但有一个问题：它并不奏效。伯克利大学社会心理学教授查兰·内梅特（Charlan Nemeth）进行了一项实验，将有真实异议的小组讨论（即反对者真的相信自己的观点）与"恶魔的代言人"小组讨论（反对者是假装的），以及完全没有异议的小组讨论来做比较。内梅特发现，带有真实异议的讨论比有共识或有"恶魔的代言人"的情况更有成效，更能激发具有原创性的思想。事实上，"恶魔的代言人"的作用适得其反，因为它激励小组成员竭力提出更多的论点来支持他们最初的设想，而不是真正去考虑其他观点。内梅特将这种行为称作"认知强化"。我对此的理解是，当指派了一名"恶魔的代言人"后，人们会变得盲目乐观，认为已经为自己接种了预防狭隘性的疫苗。他们知道"恶魔的代言人"并不真的相信他所说的话，所以自己也没有必要去真的聆听和反思。

在进一步的研究中，内梅特又做了一些区别更微妙的测试。第一种情况，小组中的某个人自发地反对多数人的观点。第二种情况，这个人被公开指定为"恶魔的代言人"，然后说出跟他之前所说的相同的论点，此时小组其他成员知道他是在表达自己真实的想法。在这两种情况下，分歧都带来了紧张感，也引发了对持异议者的一些反感。但自发的设定比角色扮演更能促进良性讨论，激发了更多、更好（也就是更有创造性）的解决方案，尽管论点和提出论点的人是完全相同的。

内梅特推测这两种讨论的成效性之所以存在差异，是因为当持异议者只是扮演"恶魔的代言人"时，小组成员认为他并不承担什么风险。而当他在讨论中自发提出反对意见时，会让人觉得这很有勇气。当持异议者被认为在执行研究者的指令时，小组成员尽管接收到了他所发出的流畅的、自信的论证，但并不觉得很有必要质疑自己的立场。而在真实条件下，参与者会稍微敞开心扉，针对反对者论点中的漏洞做出回应，从而使讨论更加丰富，让双方都有被说服的可能。换句话说，当人们面对一个看起来真正相信自己所说的话，并且愿意冒一定风险说出来的人时，更有可能正视自己犯错的可能性。

分歧能否带来成效取决于人们如何看待对方。我们花很多时间去思考该怎样争论，却没有花足够的时间去塑造决定着争论走向的人际关系。人们常说，想要很好地表达反对意见就需要抛开情绪，完全理性地思考问题，但这是不可能做到的。要呈现富有成效的意见分歧需要一条信任的纽带，让人们能感知到双方从根本上是在相互合作，而不是在相互攻击。这些都是我们与生俱来的在情绪和认知上的问题，也是为什么前一章节的内容对理解这些问题至关重要。人不是纯理性的，如果故意表现如此，就会导致功能障碍。但如果我们能把自己的"不合情理"融入过程中，就能充分发挥出分歧存在的潜在价值。

\*\*\*

当一家公司在考虑并购时，往往会聘请一家投资银行（比如高盛）来做收购顾问。银行家们有极大的动力去说服董事会达成这笔交易，毕竟交易不成就收不到佣金。显而易见，这里面存在利益冲突。世界上最成功的投资者之一巴菲特建议企业采用配平机制：

> 在我看来，要想进行理性和平衡的讨论，只有一个办法，那就是董事们再聘请另外一方顾问来反对该收购提议，是否能获得报酬取决于是否能成功阻止交易。

这种方法的天才之处在于收费。巴菲特的建议并不只是要听取第二方顾问的意见，还要以经济回报去激励其赢得争论。为什么要这样做呢？因为这样董事们便可以利用别人的偏向性思维，同时防范自己产生这种思维。第二方顾问有强烈的动机去找到尽可能充分的理由来证明这笔交易不应该达成。如此一来，董事会就同时获得了一套支持的和一套反对的论点，从而更有把握做出正确的决定。

当你我双方都把各自的论点摆在桌面上，并被激励着竭尽所能想去证明它时，一个更有力的答案便会在这场分歧的考验中脱颖而出。2019 年，由芝加哥大学社会学家詹姆斯·埃文斯（James Evans）领导的一支科学家团队对此命题进行了测试，采用的是一个庞大的充满分歧的数据库——维基百科的页面编辑信息。埃文斯想要研究的是政治两极化效应，以及处于两极分化的个体是否能在分歧中取得一些成效。强烈对立的两个政治立场之间的冲突是否总是导致敌对或回避（"战斗"或"逃跑"），还是可以有所收获？

埃文斯意识到，维基百科是研究这个问题的最佳对象。它的每个页面都被由一些志愿者编辑所组成的负责小组所监管，是团队合作的杰出体现。每一项词条后面都有一个"讨论页"，任何人都可以点开它来查看你所看到的页面背后发生的过程。在讨论页中，编辑们就提议的增删内容展开辩论。他们会非常详细地进行论证，因为要试图说服别人哪些内容应该在面向公众的页面上呈现。维基百科会根据每个页面的可读性、准确性、全面性以及来源的可靠性做出评级，我们从中就能看到有一些团队制作的页面比其他团队质量更高。

埃文斯使用机器学习的方法，基于数十万编辑者对政治页面的编辑记录来识别他们的政治倾向（"红色"还是"蓝色"），进而判断出数千个编辑团队的政治构成，包括那些负责政治和社会问题相关页面的团队。一些文章由政治倾向高度分化的编辑团队管理，另一些则由政治倾向更一致的团队管理。埃文斯发现，团队越是两极分化，页面的质量就越高。

意识形态两极化的团队竞争更激烈，因为他们较同质化或"温和"的团队有更多的争论，从而提高了呈现页面的质量。他们在讨论页面上的对话会更长，因为各方在任何观点上都不愿意轻易让步。这些长长的争论产生了更高质量的内容，挖掘出各种可能性，也历练了团队如何提出高质量论点的能力。某个页面编辑者告诉研究人员："我们不得不承认，在争论结束时能得出的立场更站得住脚，也更平衡。"这个"不得不"很重要，因为各方勉强达成的协议比轻易得出的一致答案更经得起考验。正如埃文斯所说的那样："如果他们可以很容易就更新信息，就不会有动力去寻找反事实和反数据的论据来推动讨论。"

个人主义（需要自己被认可）和部落主义（希望自己所在群体获得胜利）通常只会被视作破坏良好分歧的因素。这个可以理解，因为在大多数情况下它们的确如此。然而，维基百科编辑团队之间卓有成效的竞争表明，即使是部落主义也能结出智慧的果实，只要参与者有共同的目标和一致的行为准则（这一点后面会谈及）。对于在争论时我们容易表现出以自我为中心倾向的问题，最好的解决办法就是利用它。

苏格拉底、巴菲特和维基百科的工作人员的一个共通点是，他们理解了一个有关人类认知的深刻真理——我们的智慧是交互的。

***

自苏格拉底时代起，推理能力就被誉为人类的最高特质，将我们与其他物种区别开来。然而这里有一个让人费解的问题：如果推理以达真理是人类的超能力，为什么每个人都如此不擅长呢？

如果让你去帮助他人建立更清晰的认知或做出更好的决定，你可能首先想到的是帮他提升自我纠错能力。毕竟在没有充分考虑为什么会出错之前，没有人能保证自己所做之事一定是正确的。但总的来说，我们很不擅长于此，即使有相反的证据摆在面前，也总是坚持自己的观点。如果我相信全世界的人都坐进了堕入地狱的手推车，我就只会注意到那些坏消息，而屏蔽掉好消息。如果我认定一个政治家很聪明，我只会关注他的成就，而忽略他的错误。一旦我认定月球登陆是个骗局，我就会在 YouTube 上寻找跟我观点一致的视频，而排除掉那些不一致的。

心理学家现在已完全相信，我们更可能去注意和考虑那些能证实自己想法的证据，而对任何反向证据的重视度则大打折扣。人类对自己犯错的可能性有一种本能的厌恶。他们会运用理性的力量来说服自己是正确的，即使实际情况并非如此。我们一旦有了一个假设，就会围绕着它来扭曲世界。这种特性被称为"证实偏见"，是人类存在的一个严重问题。它使我们可以轻易欺骗自己，相信别人的谎言，并不大可能接收到他人的不同观点。塔夫茨大学（Tufts University）心理学家雷蒙德·尼克森（Raymond Nickerson）说："如果我们要试图找出一个最值得关注的在人类推理过程中出现的问题，证实偏见会是备选答案之一。"然而，聪明才智不是解决这个问题的办法。研究发现，高智商和受过教育的人只是更善于说服自己去相信自己是正确的，因为他们更能自圆其说。

这里就有一个令人费解的疑惑。为什么进化会赋予我们推理这一工具？它是如此精妙，但又存在严重缺陷。如果这是你从商店里买的，之后多半会想将它退掉。两位进化心理学家雨果·梅西耶（Hugo Mercier）和丹·斯帕伯（Dan Sperber）为这个问题提供了一个有趣的答案。他们说，我们的推理能力在帮助自己弄清真相方面表现得如此糟糕，那是因为寻求真理并不是它的功能。进化出理性其实是为了帮助人们去争论。

智人是一种高度协作的物种。与其他物种相比，人类的体型更小、力量更弱（我们比祖先尼安德特人更瘦小），但还是成功地主宰了几乎所有踏足之处，这主要是因为他们非常善于联合起来完成任务。为此，人类已经进化出一套精巧的与他人打交道的能力。在梅西耶和斯帕伯看来，推理就是这些社交能力中的一种。推理的进化是为了帮助人们与其他人一起共事，如追捕猎物、生火、搭桥等。同时，提供和询问理由可以加强个人对他人的影响力，赢得他人的支持，并对自己的行为负责（"好吧，让我解释一下为什么我拿的猛犸象肉多于我的配额……"）。之所以思考理由，是为了呈现出来，从而让别人支持你的论点，或者去推翻别人的论点——这就是论证。

不难理解为什么那些具有超强推理能力的人更有可能存活下来，并将其基因传承下去。审视并提供理性分析，让原本可能会演变成相当激烈甚至致命的分歧变成了互相争论。如果我想生火，而你想建一个避难所，我们可以交换支持和反对这样做的理由，而不用开战。那些特别善于进行反复争论的人，能更好地抵御威胁，赢得盟友，给潜在同盟留下深刻印象，并向群体展示自己的能力。

提供和询问理由是人类建立合作关系的重要方式。要想让你相信可以和我做生意（无论是字面意思还是比喻），我不能只说我想要什么，或者我不同意什么。我需要做出解释，同时也希望你能解释。唯一能对此不抱有期待的对象是小孩子。他们在被要求证明自己的需求时，往往只会说"因为我想要"。教会孩子在"因为"之后说一些更有说服力的话，是他们社会化的重要一步。父母可以通过示范来进行引导，比如当你和孩子意见不一致时，试着给他解释为什么你想让他这样做，即使你真正想说的是"因为我说了算"。

梅西耶和斯帕伯推崇"互动主义者"思考方式，而不是"知识主义者"。对知识主义者来说，理性的目的是使个人获得对世界的认知。但正如我们所看到的，理性似乎常常被用来巩固任何我们想要相信的东西，而无论它真实与否。在互动主义者看来，理性的进化并不是为了帮助个人获得真理，而是为了促进交流与合作。换句话说，推理在本质上是社会性的，只有当我们同其他人在争论的过程中去一起实践它时，才会让我们变得更聪明。苏格拉底的做法正体现了这一点。

理性个体（过去通常是男性）可以通过自我冥想去理解任何问题的神话听起来很有力量，实际却有误导性。首先，虽然人类已经积累了大量的群体知识，但我们每个人自身掌握的部分却少得惊人，远比你以为的要少。2002 年，心理学家弗兰克·凯尔（Frank Keil）和利奥尼德·罗森布利特（Leonid Rozenblit）让人们评价自己对拉链工作原理的理解。受访者都给了自己较高的评估，毕竟是日常总在使用的东西。但当被要求具体解释拉链的工作原理时，他们却几乎答不上来。类似的情况还发生在当人们被问及气候变化和经济运行的时候。我们对周围世界的了解比我们想象的要少很多。认知科学家将这一现象称为"解释性深度错觉"，或简称为"知识错觉"。

人类之所以能够征服地球，并不是因为我们的独立思考，而是我们极佳的群体思考能力。我们所从事的一切活动无一不依赖于他人的知识，从穿衣服到使用电脑。我们每个人都接入了一个庞大的知识网络，传承于先辈，共享发展于当下。你的本地网络越开放、越具有流动性，你就能变得越聪明。公开的分歧是我们既能快速"掠夺"别人的专业知识，同时也能将自己所知贡献出来的主要方式之一。

然而正如苏格拉底所知道的那样，分歧只有在一定条件下才能产生真理。其中之一就是梅西耶和斯帕伯所说的"认知劳动分工"。在一场理想的讨论中，小组里每个成员都主要关注为自己倾向的方案寻找理由，而其他成员则对这些理由进行批判性的评价。每个人都会提出自己的假设，然后由其他人进行检验。这种方式比要求每个成员都提出并评估所有反对及支持的论点更有效率，而且有利于做出更好的决策。

这就解答了为什么我们的证实偏见在进化中被保留了下来这个问题。在组内讨论运行良好的情况下，证实偏见是一项功能，而不是一个障碍。当然，这需要是自然而然发生的。想一想当有人反驳你的时候是什么感受？你会积极去思考所有能证明自己是对的理由，并提出来以获得支持，至少在你关心这件事情，或者得到肯定对你而言很重要时是如此。这就是为什么梅西耶和斯帕伯更喜欢用"我方偏见"一词，而不是"证实偏见"，因为只有当你的身份或地位受到威胁时，它才会起作用。这既是一种情绪反应，也是一种认知反应。有些人可能会建议你把情绪放在一边，然后纯理性地审视争论内容。但如果能让情绪驱动你去寻找好的论点，其实更能有所成效，从而为群体贡献出新的信息和思考问题的新方法。

这种做法可能是出于自私或狭隘的原因，比如想为自己辩解，或证明自己有多聪明。即便如此，你也让群体讨论的视角更多样化了，因为大家都在努力推动自己的观点。由于每个人都有动机去驳倒与自己有竞争的论点，那些站不住脚的就会被排除，而最强劲的则会被保留，并得到更多支持性的论据和更好的理由。群体的整个思考过程比任何一个人单独进行的都更深入、严谨。根据詹姆斯·埃文斯的研究，这正是维基百科页面编辑的运行方式，也是巴菲特设计投资决策流程的依据，以及苏格拉底对话的根本原理。

从互动主义者的角度来看，证实偏见不应被消除，而是要加以利用。在适当的条件下，它能提高一个群体的集体智慧。那么，都有哪些条件呢？首先，这个群体必须能够开诚布公地提出不同意见，每个人都发自内心地感到自身有义务也有能力去推进自己认为最佳的方案。其次，也是最基本的一点，群体成员必须有着共同的追求，无论是追求真理还是追求正确的决策。如果每个成员都只是在捍卫自己的立场，或者想让自己显得比其他人强，那么较弱的论点就不会被淘汰，群体也不能取得进展。然而，如果每个人都采取强硬的立场，但同时又愿意接纳更好的观点，那么这个群体就能够向前发展。

证实偏见带来的影响跟冲突一样，是呈倒 U 形的曲线性走势。当过多时情况会很糟糕，而完全没有时也同样很糟糕。在我曾经工作过的一家企业，大多数人都不会表达强烈的观点，而是简单地接受某个表现最自信的人所说的一切。其所导致的结果就是讨论变得毫无生气，会上的主流观点并没有得到检验或发展。你的感受会像在恋爱关系中，质疑对方的投入程度。当然，你也可能会疑惑，是不是公司的领导已经明确表示他们不希望被反对，并将惩罚那些持不同意见者。

在另一个我曾经工作过的地方，每个人为自己据理力争，有时甚至略微超出了合理的程度。这些讨论有时候会很喧闹或让人感到不舒服，但一般来说都能有较高质量。并且，如果在讨论过程中大家相互尊重，还可以提升团队的凝聚力。话虽如此，但那些坚持自己观点毫不退让的人却会浪费大家的时间。在倒 U 形曲线的两端有很多令人生厌的人，也有很多完全没有成果的争辩。你应该真诚地、全情投入地推动自己的"偏见"，但也必须能够判断何时把自己和之前所追求的论点分离开来。

分歧带来的化学反应在本质上是不稳定的。它总伴有走向极端的威胁：自我主张变成强势攻击，信念变成执念，顺从的意愿变成从众的本能。几个世纪以来，我们已经发展出一些程序和制度来稳定这种波动，以及提供适当的条件来实现富有成效的意见分歧。其中最重要的就是现代科学制度的发展。但即使在科学家群体中，偏见也可能失控。

＊＊＊

400 年前，弗朗西斯·培根（Francis Bacon）就对我们现在所谓的证实偏见提出了警告："人类的理解力一旦采纳了一种观点……就会把其他所有事物都引向支持和同意这一观点。"为了解决这个问题，培根制定了一套后来被称为科学方法的体系。他指导学者们用对现实世界的观察来检验他们的理论，这样就可以"通过适当的拒绝和排除来分析本质"。在培根之后，科学发展成为一门学科，一个有认知活动分工的集合。科学家就他们关心的课题发表研究报告，并给出理论依据。他们的工作成果要经过同行评议，并由该领域的其他专家进行检验。科学家们在试图驳倒别人论点的同时，也在互相学习。科学领域充分利用了理性的社会性。

当我们在赞颂某个伟大的科学家做出的贡献时，实际上也是科学家们作为一个群体所取得的成就。若一个人将自己与不同意见者隔离开来，无论他有多聪明，都会失去对证实偏见的控制。艾萨克·牛顿在他生命的最后几十年里，一直沉浸在将基本金属变成黄金的徒劳探索中。那项研究没有任何进展，至少有一部分是因为他闭门造车，没有合作者或评审者。与之形成对比的是，当他公开在物理学方面的开创性成果时，不但该成果借鉴了他人已发表的研究（正如他所说的"站在巨人的肩膀上"），而且他知道，整个欧洲的数学家和天文学家都会去抨击他所有薄弱的论点。

在大多数情况下，这个系统运作良好，带来了用以定义现代性的医学和科技上的巨大进步。然而，当科学的参与者忘记了该如何正当提出不同意见时，事情就会变得扭曲。约翰·尤德金（John Yudkin）的故事就是一个很好的说明。

20 世纪 80 年代初，西方国家政府在咨询了世界顶级营养学家后，告诉人们要改变饮食习惯。他们提出，如果想保持健康，就必须减少富含饱和脂肪和胆固醇的食物。我们基本照做了，以意大利面和米饭代替了牛排和香肠，以人造奶油和植物油代替了黄油，以麦片和低脂酸奶代替了鸡蛋和吐司。

然而，我们非但没有变得更健康，反而更胖、更病态。在随后的几十年里，一场公共卫生灾难就此暴发。在此前一直相对稳定的肥胖症忽然急剧增加，糖尿病等相关疾病的发病率也随之上升。近年来，政府给出的建议发生了变化。虽然仍然建议我们要节制脂肪的摄入量，但也提出要提防另一个健康的敌人，一个有害程度绝不亚于脂肪的敌人——糖。

人们会自然地认为，这种关注点的急剧变化是因为营养科学的进步和新的发现。然而事实并非如此。科学证据一直都在那里，只是被忽视了，因为那时的营养学家们忘记了该如何与对方争论，反而放任证实偏见去肆意发挥。

约翰·尤德金所著的《纯净、洁白且致命》（*Pure, White and Deadly*）一书出版于 1972 年。他在书里警告世人，真正威胁人们健康的不是脂肪，而是糖。尤德金写道："哪怕只揭示一小部分我们已知的糖带来的影响，类比其他食品添加剂材料的标准，都应被立即禁止。"

尤德金是伦敦伊丽莎白女王学院（Queen Elizabeth College）的营养学教授。他指出，精制糖成为西方饮食的主流成分仅有 300 年的历史，站在整个进化的角度来看，就像我们仅在前一秒钟才吃了第一剂糖。而相比之下，饱和脂肪则一直与我们的进化紧密相连，以至于大量存在于母乳中。因此，在尤德金看来，令人生病的似乎更有可能是前者这一新发明，而不是后者这一由来已久的主流成分。他还认为，脂肪对我们健康有害的证据相对较弱，而糖才更可能是引起肥胖、心脏病和糖尿病的罪魁祸首。在 20 世纪 60 年代，关于糖和脂肪哪个危害更大的争论非常激烈。但当尤德金写那本书的时候，脂肪假说已在该领域占据上风，大多数营养学家达成了一个新的共识：健康的饮食就是低脂饮食。以尤德金为代表的反对者们发出的声音越来越少。

这本书的初衷本只是想给大众一个警示，却成为他的最后一搏。他因为主张糖比脂肪的威胁更大而付出了沉重的代价。那些世界顶尖的营养学家们不喜欢自己的观点受到如此公开的挑战，于是他被各大科学会议和科学杂志拒之门外。他所在的大学因不愿与一个脂肪假说的反对者有所关联，也收回了允许他在退休后能够继续使用研究室的承诺。尤德金的研究最终完全退出了公众视野。他也被人所遗忘，于 1995 年带着遗憾离世。

与此同时，按照营养科学领域的精英们的建议，美国和英国政府告诫公民要减少购买脂肪和胆固醇含量高的食物。而当人们降低脂肪的摄入时，通常会增加碳水化合物的摄入。食品制造商也根据新的指令做出调整，销售通过添加糖分来增加美味的低脂食品。于是人们越来越明显地看到，因为我们将饱和脂肪变为头号饮食敌人，而忽略了最常见、最可口，但也最不健康的碳水化合物的威胁。

尤德金断送职业生涯的遭遇让其他科学家不敢再站出来提出质疑。于是，"西方饮食的最大问题是脂肪摄入"一直都是主流共识。直到 21 世纪，科学界才开始接受质疑，甚至才开始接受糖对身体影响的研究。一位名叫罗伯特·勒斯蒂格（Robert Lustig）的儿科医生是早期的探路者。在研究了糖对代谢系统的影响后，他于 2013 年出版了《肥胖的可能》（*Fat Chance*）一书，揭露糖和肥胖之间的关系。这本书后来成为全球畅销书。而尤德金的研究一直被埋没，勒斯蒂格是在某次会议上偶然从另一位同行科学家口中才第一次听说。他惊奇地发现，那些研究竟预测出了自己进行的工作。当我问到为什么他是这么多年来第一位关注糖的危害的科学家时，他告诉我："因为约翰·尤德金。那些人一而再再而三地严厉打压他，以至于没有人愿意自己去尝试。"

肥胖症的流行常常被归咎于食品工业。当然，食品公司的责任不可推卸。而我们一直以来遵循的营养建议存在重大缺陷，也是因为即使是科学研究也容易出现不正常的群体行为：顺应多数人的意见，强烈排斥承认错误，以及服从主导者的意志。

　　"科学要踏着墓碑才能前进吗？"（Does Science Advance One Funeral at a Time？）这是美国国家经济研究所的一支学者团队在 2015 年撰写的一篇论文的标题，意在为物理学家马克斯·普朗克（Max Planck）的一句名言寻求实证依据："新科学真理的胜利不是通过让反对者信服和领悟，而是等熟悉这一真理的新一代成长起来，因为反对者终将死亡。"研究人员确认了 12 000 多名来自不同领域的精英科学家们的身份，并通过搜索讣告找出了其中 452 位退休前就去世的科学家，然后看这些学科泰斗们意外离去后其所在领域的变化。他们的发现证实了普朗克那句名言的正确性。那些曾与精英科学家们密切合作，一起撰写论文的初级研究人员，发表的论文相对较少。但同时，该领域的新人的论文数量明显增多，并且他们会较少地引用已故杰出人物的研究成果。事实证明，这些新人的文章具有实质性的意义，也很有影响力，其成果被大量引用。在不用迫于压力去迎合占主导地位的长者们时，他们推动了整个领域的发展。

　　无论是对于个人还是群体，分歧都可以让我们变得更加明智，因为它使我们能够向他人学习，并迫使自己更努力地思考应该相信什么、为什么相信。但是，正如苏格拉底所知道的那样，要想让分歧激发出新见解而不是愤怒，就必须处理好随之而来的人际关系问题。只有在共同理解、尊重和信任的情况下，我们才能真正去实现它，并让一切成为可能。

# CONFLICTED 第4章

## 冲突如何给我们带来启发

冲突是点亮群体创造力的火花。

在北卡罗来纳州的戴尔郡（Dare County），有一个建在靠海沙地上的小镇，名叫"斩魔山"（Kill Devil Hills）。在 1902 年 9 月，这个小镇和它的机场还不存在。但如果你那时在那附近，可能会目睹一个奇怪的场景：沙丘之中有两个人面对面地站在一台重型机械旁，在空中挥舞着手臂，冲对方大喊大叫。

几个月来，威尔伯·莱特（Wilbur Wright）和奥维尔·莱特（Orville Wright）两兄弟总是带着他们制造的最好的滑翔机前去斩魔山试飞。利用风洞实验的数据，他们清楚地知道该怎样设计机翼以满足最大升力和最小阻力。但在试飞过程中，他们不断遇到一个反复出现的故障，最终导致其中一人险些丧命。那是在 9 月 23 日，当奥维尔试图转弯时，一个机翼突然变高，而另一个开始下降，于是滑翔机失控地旋转，坠入沙地。奥维尔在日记里是这样描写那次试飞结果的："一堆散落的飞行器、布料和棍子⋯⋯我身处其中，没有一处瘀肿或划伤。"

他们推测这个问题每 50 次滑行就会发生一次，并可能是致命的，兄弟俩把它称为"打井"，也就是后来我们所说的尾旋。想要实现制造出首架飞行器的愿望就必须先解决这一问题。在 10 月 2 日的傍晚，莱特兄弟和他们的朋友乔治·斯普拉特（George Spratt）一起就此展开讨论，但很快就开始了争论。弟弟奥维尔挥舞着手臂大喊大叫，哥哥威尔伯则像机关枪一样快速回应着。一旁的斯普拉特感到很不自在，但他之后会知道这其实是常态。莱特兄弟的辩论就如同一场赤手搏击。

我们对莱特兄弟发明飞机这一事实太熟悉了，以至于鲜有人注意到他们所取得的成就是多么地不可思议。威尔伯和奥维尔不是科学家，甚至都没有上过大学。他们也不隶属于任何公司或机构，只在俄亥俄州的代顿市经营着一家自行车店。他们几乎也没什么大的成就，直到解决了历史上最伟大的工程难题之一。

莱特兄弟俩相差四岁，关系很亲密。威尔伯写道："从很小的时候起，我的弟弟奥维尔就和我一起生活和工作，也一起思考。"他们一起思考的方式往往是通过争论。争吵声从商店楼上的地板散发开去，对代顿当地人来说这是一种再熟悉不过的声音了。正是他们的父亲米尔顿·莱特（Milton Wright）教会了兄弟俩如何进行有成效的争论。晚饭后，米尔顿总会引出一个话题，指导孩子们在不失礼的情况下尽可能激烈地辩论，然后按照经典的辩论规则去指导他们改变立场，重新开始辩论。事实证明，这是一种很好的训练。

莱特兄弟的传记作者之一汤姆·克劳奇（Tom Crouch）这样写道：

"随着时间的推移，他们将学会以一种更有效的方式进行争论，像口头速记般来回打磨想法，直到一些核心要点开始出现。"威尔伯指出，讨论可以"带来看待事物的新方法，并实现逐渐完善的效果"。乔治·斯普拉特回家后给威尔伯写了一封信，表达自己对兄弟俩的争论方式感到不适，尤其是对于他们在争论中更换立场，因为这在他看来是不真诚的表现。威尔伯对此的回应值得我们细细品读：

> 我无意提倡要在讨论中不真诚，或者在争论中心术不正。任何真理都不可能没有一丝一毫的错误，也没有任何错误会错到没有一丁点儿真理的元素。如果一个人太急于放弃一个错误，就很可能随之放弃了一些真理；如果一个人完全接受别人的观点，也随之接受了一些错误。真诚以待的争论只是一个相互把对方眼中的微尘与栋梁取出的过程，这样双方才能看得更清楚……在掌握了一个真理之后，我极不希望再失去它。在放弃一个错误之前，我希望把所有的真理先筛选出来。

兄弟俩并没有一本正经地争论，而是乐在其中。威尔伯满心欢喜地说："奥夫（奥维尔的昵称）是个好对手。"在给斯普拉特的另一封信中，威尔伯还批评他太过理智了。"我看你又开始你的老把戏了，争论还没进行到一半就放弃了，"他写道，"我对自己的立场很有把握，但在问题彻底解决之前，也期待着酣畅淋漓的对抗所带来的乐趣。"

莱特自行车公司的首席技师，也是店里唯一的雇员查尔斯·泰勒（Charles Taylor）描述说，莱特兄弟工作的地方在他的楼上，空气中总是充满着争吵带来的惊吓感。他回忆道："那些日子里，兄弟俩一直在研究很多理论，偶尔还会爆发十分可怕的争执。他们会冲对方大喊大叫，说一些难听的话。我不认为他们真的很愤怒，但冲突肯定已发展到白热化阶段。"

他们是如何做到激烈争论的同时却不会愤怒？莱特兄弟的侄女伊瓦内特·莱特·米勒（Ivonette Wright Miller）发现了一个关键要素。她注意到他俩很善于"争论和聆听"，并且争论得越厉害，就越专心地听对方说话。另一个要素则是信任——建立在彼此的感情和为共同目标而不懈努力之上的深深的信任。

在兄弟俩为解决"打井"问题而争论不休的那个晚上，奥维尔没有睡觉。并不是因为和哥哥发生了争执，而是脑子里一直在思考由他们的争论所产生的各种可能性。他回顾了威尔伯的观点，然后与自己的想法综合在一起。第二天的早餐时间，他提出了解决方案——一个可调节的方向舵。在威尔伯进一步的建议下，兄弟俩造出了第一架完全可控的滑翔机。现在他们可以继续进行下一轮新的争论了。

***

在基思·理查兹（Keith Richards）的自传《生活》（*Life*）一书中，他讲述了一个故事，我们能从中捕捉到一些滚石乐队的工作文化。那是1984年，滚石乐队在阿姆斯特丹开会（是的，连基思·理查兹都要参加会议）。一天晚上，理查兹和米克·贾格尔（Mick Jagger）出去喝酒。凌晨时分回到酒店时，贾格尔已经有些醉意了。理查兹嘲笑道："再让米克喝两杯，他就不行了。"后来贾格尔忽然想见已经上床睡觉的查理·沃茨（Charlie Watts），便拿起电话打到沃茨的房间，问道："我的鼓手在哪里？"电话另一边没有任何回应。贾格尔和理查兹之后又喝了几杯。20 分钟后，有人敲门，打开门一看竟是沃茨。他穿着萨维尔街高级定制西装，并刚刮过胡子，涂过古龙水，一切无可挑剔。他上前抓住贾格尔的衣襟，吼道："以后不许再称呼我为你的鼓手。"然后猛地一记右勾拳打在主唱的下巴上。贾格尔随即摔倒在放着香槟和烟熏三文鱼的桌子上，差点掉到窗外的运河里。

这大概是会让许多友谊终结的事件。但滚石乐队的成员们之所以能够坚守半个世纪之久，是因为他们完全可以接受偶尔掀起的风波。摇滚传记作者、Del Fuegos 乐队前吉他手沃伦·赞恩斯（Warren Zanes）告诉我："能一起坚持下来的乐队不一定是那些每次演唱会结束后都会互相击掌、互相拥抱的乐队。"

莱特兄弟是利用冲突来激发自己思绪的创新者，但冲突似乎是任何创造性合作的关键因素之一。甚至可以说，发明和创新本身就是在与这个世界的争论中孕育而生的。一家创业公司提出：现有的社会运行方式完全不对——应有一种更方便的方式去买菜或在城里出行。艺术家们的行为往往是在反抗当下的社会意识或主流习俗，比如滚石乐队将自己与战后英国的社会保守主义对立起来。如此说来，这群有创造力的人，在追求浪漫的同时也会有攻击行为就不足为奇了。一定程度的内部冲突似乎对创造力的产生是有利的，但团体需要找到一种有效的方法来控制伴随而来的紧张关系，否则达成目标的压力会让团体分崩离析。摇滚乐队的历史是一个丰富的数据资料集，可以用来研究任何创意企业的核心问题：如何让一群有才华的人聚集起来，并实现比他们各自单打独斗加起来更高的成就，以及在做到这一点后，如何让团队保持下去。

成功的乐队都以不同的方式处理了内部冲突。创作上的纠纷不一定要像贾格尔和沃茨之间那样激烈。R.E.M. 是史上持续时间最长、最成功的乐队之一，其成员之间的意见分歧风格迥异。1979 年，当时还是佐治亚州雅典市一名大学生的迈克尔·斯蒂普（Michael Stipe），在市中心一家名为 Wuxtry 的唱片店一边浏览，一边和店员聊天。店员名叫彼得·巴克（Peter Buck），是一名大学肄业生。两人因对地下摇滚的热爱而结缘，很快就决定组建一支乐队，并招募了两位同学比尔·贝里（Bill Berry）和迈克·米尔斯（Mike Mills）。在第一次演出的 31 年后，R.E.M. 友好地解散，结束了摇滚史上最愉快的合作旅程之一。Wuxtry 唱片店的另一位常客伯蒂思·唐斯（Bertis Downs）是一位法律系的学生，后来成为 R.E.M. 的经理人。他告诉我，R.E.M. 的运作恰似雅典的民主制度。"他们都有平等的发言权，没有等级之分。"他说。不过，分歧仍然是至关重要的。"每个人都有一票否决权，这意味着每个人都必须接受每一个决定，无论是在商业运作上还是艺术创作上。他们会反复讨论，直到达成共识，也会经常说'不'。"（而在陈嘉兴的创业公司 Posterous 的职场文化里，冲突被一味避免，以至于问题得不到解决。）

如果民主对 R.E.M. 如此有效，那就有一个显而易见的问题，为什么其他乐队不采用这种方式呢？答案是，乐队成员间往往会变成竞争关系而不是合作关系。Chrysalis Music 唱片公司前首席执行官、现经营一家艺人管理公司的杰里米·拉塞尔斯（Jeremy Lascelles）告诉我："组建乐队要处理人际关系中最有害的一个元素——自我。音乐人需要一个很强大的自我意识来站在舞台上，袒露自己的灵魂。这也意味着这种自我可能会极度膨胀，而去争夺主导权。"在成功的乐队里，不但有很多工作任务上的冲突——谁来演这段独奏，是否接某个演出，还有相对较少的关系冲突——

为什么我是主唱，而吉他手却得到了这么多的关注？

陈嘉兴大概会非常认可硅谷风险投资家本·霍洛维茨（Ben Horowitz）所描绘的企业氛围。他说："大多数业务关系会发展为要么紧张到无法忍受，要么因不够紧张而在一段时间后仍无法获得成效。"研究小团队沟通的先驱学者欧内斯特·博尔曼（Ernest Bormann）提出，每个团队都有一个可容忍的紧张程度的阈值，它代表着冲突可存在的最适合的水平。不受控制的冲突会毁掉一个团队，但如果完全没有冲突，厌倦和冷漠便会随之出现。博尔曼认为，有创造力的团队并不停留在容忍阈值，而是像正弦波一样围绕着它浮动，频繁出现的冲突期与冷静处理的协商期会交替进行。博尔曼说："我们需要用冲突来明确目标、阐明差异、激发好奇心，以及释放压抑的沮丧感。"（有时候你真的需要直接回复马克，让他知道他的邮件有多烦人。）

当乐队解散时，他们总是顺理成章地将其归结为"音乐上的差异"。英国成功的优美南方乐队（Beautiful South）解散时，他们解释说是由于"音乐上的相似性"。西蒙·纳皮尔 – 贝尔（Simon Napier-Bell）是包括雏鸟乐队（Yardbirds）和威猛乐队（Wham！）在内的多个成功乐队的经理人。他告诉我，不吵架的乐队往往在创作上奄奄一息。"艺术家不接受妥协。"他说，因为若妥协，音乐就会变得安全而无聊，只是在重复过去成功的老路数，"新颖有趣的艺术来自冲突。"他回忆说，有一次在录音室里目睹了雏鸟乐队成员关于杰夫·贝克（Jeff Beck）是否可以进行一段吉他独奏的争论。贝克提出自己没有得到足够的机会来展示。最终，其他人勉强让步，同意在一首名为"The Nazz Are Blue"的歌曲中加入几个小节的吉他独奏。纳皮尔 - 贝尔和乐队坐在一起，看贝克录制他的独奏。但当音乐进行到独奏小节时，他只是拨了一个音，然后等待余音慢慢散去，同时挑衅地看着他的乐队成员们。"他的一切感受都表达在那个音里，"纳皮尔-贝尔说，"那是整张专辑的亮点。"

当然，困难的是如何不让冲突升级到永久损害关系的程度。无论是团队还是夫妻，都需要找到一些方法来化解激烈争论下的压力，让冲突回到可容忍的阈值。幽默感是最有效的技巧之一，特别是运用调侃这种好玩的人际幽默。要说明这一点，以下面这个有史以来最伟大的团队之一为例再合适不过了。

1962 年 5 月，布赖恩·爱泼斯坦（Brian Epstein）为他的客户在百代唱片公司（EMI）北伦敦阿比路（Abbey Road）的工作室争取到一次试演机会。那个时候甲壳虫乐队（The Beatles）在利物浦备受追捧，但在首都却没什么名气。而如果他们想要走向全国，伦敦是必经之路。他们知道这可能是最后一次有大发展的机会了。在之前的迪卡唱片公司（Decca）的试演中已经失败，若再一次失败，他们的乐队可能永远也走不出自己的家乡。

百代唱片公司将甲壳虫乐队的录音工作交给了一位穿着优雅的新唱片制作人乔治·马丁（George Martin）。在马丁的监制下，乐队录制了相当轻快跳跃版本的"Love Me Do""P.S. I Love You"和"Ask Me Why"。晚上 10 点左右完成录制后，马丁邀请这群邋遢、可爱的年轻人到他的控制室，开始详细地解释他们需要做什么才能获得成功，并特别强调了他们设备上的不足［保罗·麦卡特尼（Paul McCartney）的扩音器在录制过程中还不得不被更换］。

　　然后他停了下来，问："我说了这么长时间了，你们都没有任何回应，是有什么不喜欢吗？"沉默了片刻后，队里最年轻的成员乔治·哈里森（George Harrison）开口回答道："嗯，首先，我不喜欢你的领带。"

　　保持良好关系对甲壳虫乐队成员来说非常重要。保罗·麦卡特尼和约翰·列侬（John Lennon）都来自饱受丧亲之痛的家庭。在学校里，他们和哈里森都是不合群的一类人。他们都渴望在乐队中获得友情和归属感。

　　尤其在早年间，无论台上台下，他们做任何事情都共同行动。当遇到马丁的时候，他们已经在彼此的亲密陪伴下度过了好几年，从利物浦到汉堡，在脏乱的小公寓里、在狭小的化妆间里和几乎快散架的货车里。就像莱特兄弟一样，这种亲密关系使他们能够坦诚面对专业上的分歧。但甲壳虫乐队处理冲突的方式与莱特兄弟、滚石乐队或 R.E.M. 都不同。我们几乎找不到他们吵架或拳脚相加的报道，而且据了解，他们一般也不会进行长时间的争论。乐队成员们在台上台下都能互相逗笑，靠着幽默来共同渡过难关。

　　虽然列侬是早期的实际主事人，但每位成员对于乐队要如何运行都有发言权，任何重大决定都需要得到所有人的同意。内部关系较为紧张的焦点是由谁来主导，列侬或是麦卡特尼。虽然列侬是很有魅力的创始人和主唱，但麦卡特尼是更有成就的音乐家。而且随着时间的推移，他的表演越来越自信，在他们演出的洞穴俱乐部（Cavern）拥有更多的乐迷。列侬可能已经接受了麦卡特尼的平等地位，但也不是一开始就能轻松面对的，于是他用调侃的方式来处理他们之间的紧张关系。

　　我们可以从一段 1962 年乐队最后一次访问汉堡的星空俱乐部（Star

Club）时的录音中找到一点痕迹。麦卡特尼在一首源于音乐剧的抒情民谣 "Till There Was You" 中担任主唱。这是能让女孩们为他倾倒的那一类歌曲。但每当他唱一句，列侬都会在下一拍重复跟进，伴以重重的回声一般："There were birds；THERE WERE BIRDS……No, I never heard them at all；NO, HE NEVER HEARD THEM。" 麦卡特尼毫无顾忌地继续唱，偶尔会在一句词后笑出来。他这样一位认真的表演者，是绝不会允许别人来捣乱的。但这不是别人，是列侬，这就变得有趣了。

懂得使用幽默是一个很重要的团队合作技巧，却多少被研究管理学的理论家们给忽略了。幽默可以成为冲突的重要安全阀，让人们可以乐观地团结起来面对难题，而不是在怨恨中分崩离析。密歇根大学副教授、冲突动力学专家林德雷德·格里尔（Lindred Greer）告诉我，在她教授 MBA 课程时，给她留下最深印象的是那些曾入伍的学生："他们有众多的领导才能，其中之一就是能够在恰当的时机开个适当的玩笑。他们知道如何良性地扭转一个群体的情绪氛围。我一直觉得这很不可思议，并在思考如何去量化它。"

调侃如果没有情感基础或缺乏分寸，就可能会出问题。但若掌握好了，会是我们冲突管理中最有价值的方式之一。调侃者会评论对方的行为以帮助对方更了解自身的情况。如果说得太直截了当，则可能会带来痛苦或引起愤怒。每个人都有各自的怪异之处，没有一个人的行为在各个方面都是"正常"的。我们也不必追求成为完全"正常"的人，但若能从他人口中大体得知自己有什么或好或坏的癖好也有益处。调侃者让我们知道了自身"怪异"所在，却并不强迫我们做出改变，同时还试图逗我们开心。

调侃也可以是一种用来测试新关系是否稳固的温和的方式。乔治·马丁领带的故事经常被用来描述甲壳虫乐队的无礼，但我认为这是他们利用幽默感来适应新环境的一个很好的例子。我猜想尽管他们是被面试的一方，但也在有意无意地审视着马丁。他们好奇眼前这位显然有着更高社会地位的人，在听到来自四个叛逆的工人阶级年轻人的意见时，会有什么样的反应。哈里森的玩笑是一种试探，同时也是一次冒险：如果马丁的反应是消极的，那么合作基本就谈不成了，而且还很可能终结了乐队的发展。幸运的是，他们收到了积极的信号：马丁笑了。

＊＊＊

1951 年，弗朗西斯·克里克（Francis Crick）和詹姆斯·沃森（James Watson）在剑桥进行了一项探测 DNA 结构的联合项目，时间很紧迫。另一对杰出的科学家也在伦敦研究着相同的课题。在沃森刚参加的一次会议上，这对竞争对手中的其中一位莫里斯·威尔金斯（Maurice Wilkins）展示了首张 DNA 的清晰图像。

威尔金斯当时在国王学院，是英国除剑桥之外的另一个有关 DNA 的重点研究中心。在学院的 X 射线实验室里，他遇到了一位叫罗莎琳德·富兰克林（Rosalind Franklin）的年轻研究员。在合作的第一次会议上，他把富兰克林直接视为自己的助手之一，而不是一位独立的研究人员，这让后者很不悦。事实上，富兰克林在当时已经发表了 DNA 有两种形式的重大发现。从那时起，虽然两人组成了一支强大的团队，但一直保持着礼貌而疏远的关系。

然而，沃森和克里克却有一个秘密武器——不讲礼数。克里克后来回忆说，如果他的理论有缺陷，"沃森会直截了当地告诉我这是胡说八道。

反过来也一样。如果他有什么想法我不喜欢，我也会说出来，让他有所思
考。"克里克认为，对与自己合作的人要做到完全坦诚，甚至可以是粗暴
无礼。实现良好合作的阻力正是保持礼貌。

1953 年，克里克和沃森共同发表了获得诺贝尔奖的论文，提出了
DNA 的双螺旋结构。这一研究成果被认为是 20 世纪最伟大的发现之一。
克里克后来写道："我们摸索出了一些未成理论但却卓有成效的合作方法，
这是伦敦的研究团队所缺少的。如果我们中的任何一个人提出了一个新的
想法，另一个人会很认真地试图否定它，但是会用一种坦诚而非敌意的方
式。事实证明，这相当关键。"

在工作中，人们往往倾向于否认冲突在创造性思维中的作用。因此，
我们老听到这样的说法：头脑风暴的时候，没有不好的想法。伯克利心理
学家查兰·内梅特（"恶魔的代言人"研究的作者之一）想看看屏蔽批评
的声音是否真的能让群体更有创造力。她在美国和法国组织了 91 个五人
小组，让他们就解决当地交通拥堵问题提出一些看法。其中一些小组被要
求以传统的方式进行头脑风暴，不批评别人的任何输出。其他小组则被告
知要进行辩论和批评。内梅特发现，进行辩论的组比进行传统头脑风暴的
组提出了更多的想法。她推测原因之一是，设定一个公开批评的准则实际
上可以降低人们对被评判的焦虑。当批评被当作一种能让团队获得更好成
果的方法时，大家就不把它视为针对个人了。

"没有不好的想法"所传递的情绪是善意的。如果人们因为自己的想
法受到评判或挑战而感到紧张，那确实不太可能会尽情表达，进而也就降
低了内容的丰富程度。但在我看来，内梅特的研究表明，解决这个问题的
最好方法不是试图抹掉分歧，而是让人们对分歧更有信心。要实现这一点

的唯一途径是组织的领导者要树立并鼓励这样一种文化：犯错是正常的，有缺陷也是正常的，每个人都相信公开的分歧是创造性思维的源泉。我们需要从不好的想法中找出那些好的想法。

＊＊＊

公开而热烈的分歧，可以一扫长久关系里渐渐弥漫的蛛丝尘网，可以打开一扇窗，将藏在地毯下的陈年旧物拖到阳光下晒一晒。它还可以牵引出沉睡于我们大脑中尚未被激活的关键信息和见解，充分发挥多样性的创造力。

但正如我们所看到的，它必须满足一定的前提条件：相互的信任和一定意义上的共同任务或目标。信任的程度不需要很深。不是一定要有亲密关系才能有良性的分歧。最基本的情况是：我相信你是更关注我们的谈话内容，而不是为了"赢"或达到其他目的。共同的任务也可以是浅层次的，比如两个人通过社交媒体上的短暂互动，期待能从对方那里了解到一些信息。但信任的程度越深，任务对参与者越重要，分歧就会越有活力和启发意义。简而言之，更坚固的关系可以产生更高质量的分歧。

这世上没有解决分歧的必胜秘籍，因为没有人能保证自己可以解决好遇到的每一次分歧。然而在通常情况下，我们中的大多数人都可以做一些努力来让分歧变得更有意义。这就是本书下一部分的内容。我不会告诉你如何赢得争论，因为这个目标并无意义。无论输赢，重要的是在你们之间创造出的一些新东西——见解、学习和想法。我也不打算提供一套文明准则（关于为什么不这样做，将在最后一部分内容中提到）。我将提出要实现更好的、更有创造性的争论所需要的基本条件。

接下来你将看到实现富有成效的意见分歧所要遵循的九项原则，以及承载它们的一条最基本的黄金法则。由于人与人之间的互动是无限多变的，你应该把这些原则（或许除了那条黄金法则）视作临时性的，但我相信它们是实现良性分歧的坚定指南，可以应用在家庭环境、工作环境，以及公共生活中（包括社交媒体）。这些原则源于审讯员、人质谈判专家、警察、调解员和心理治疗师等专业人士的实践智慧。他们的日常工作就是解决高度紧张、棘手，通常还会非常激烈的分歧。它们还源于有关困难对话的科学研究。我相信这套原则已接近实现良性分歧的通用法则。它们并非技术或策略，而是基本规则。当然，我们可以从专家那里收集到很多非常实用的技巧。我将整理出一个"工具包"放在本书的最后，供你在遭遇困难对话时做参考。

CONFLICTED

第二部分

# 让争论有所成效应遵循的
# 十大原则

WHY ARGUMENTS ARE TEARING US APART

AND HOW THEY CAN BRING US TOGETHER

# 原则 1：与对方建立联系

在解决有分歧的内容之前，先建立信任关系。

2017 年 8 月两个炎热的日子里，数百名白人至上主义者在弗吉尼亚州夏洛茨维尔市的街道上游行。游行者由新纳粹分子和三 K 党成员组成，目标是"联合右翼"，宣布白人民族主义事业的结盟。他们高呼着种族主义口号，挥舞着纳粹旗帜，有的人手持半自动步枪，有的人拿着棍棒。尽管他们试图恐吓他人，但遭遇到了诸多挑战。反法西斯分子的团体同样进行了反抗议的游行，队伍中有举着标语牌的政治活动家、身穿礼袍的当地神职人员，以及夏洛茨维尔市无数的普通居民。无论是黑人还是白人，都站出来表达对白人至上主义的鄙弃。

8 月 12 日，经过一天半紧张有时甚至是暴力的对抗后，弗吉尼亚州州长宣布进入紧急状态，而后警方终于出面停止了集会。当人群散去时，一些反抗议者沿着一条狭窄的街道前行。一个开着道奇挑战者跑车的年轻新纳粹分子看到后心生杀意。于是，他忽然在街上飞速行驶，使得反抗议

者们惊慌地四处逃散。其中一位名为希瑟·海尔（Heather Heyer）的 32
岁白人妇女不幸遇难。

希瑟在夏洛茨维尔市一家律师事务所任律师助理。她的老板及朋友艾
尔弗雷德·威尔逊（Alfred Wilson）还清楚地记得她去世那一天的情景。
艾尔弗雷德是一位非洲裔美国人。他也想参加反抗议活动，但他和妻子都
担心他们的三个孩子会在人群中走失，便放弃了。当他们正在家里看电视
播放游行时，手机铃声响起。打来电话的是希瑟的同事及朋友玛丽莎。她
疯狂地大吼着发生的事情，并且说找不到希瑟。艾尔弗雷德说他会想办
法帮忙。不到一分钟，他的电话又响了。这次是希瑟的母亲苏珊·布罗
（Susan Bro）从当地医院打来的。"希瑟死了。"她说，并告诉了他原因。
随后艾尔弗雷德驱车赶往医院。

在接下来的几周里，一场饱含悲伤、愤怒和争议的风暴以夏洛茨维尔
市为中心扩散到全国。希瑟的死亡成为整个国家的政治热点，加剧了贯穿
美国历史的种族断层。希瑟的母亲苏珊策划并组织了葬礼，处理了希瑟的
生前财产，同时还需应付来自世界各地的媒体，以及接听政客和名人打来
的电话。为了将收到的来自世界各地的捐款得以善用，她向艾尔弗雷德求
助，在他的帮助下以希瑟的名义成立了一个慈善基金会。在希瑟去世九天
后，该基金会注册成立并开始接受捐赠。

事件过去大概六周后，夏洛茨维尔市为遭受这场暴力事件影响的人
举办了一场慈善音乐会。组织者为戴夫·马修斯乐队（Dave Matthews
Band），参演阵容包括阿里安娜·格兰德（Ariana Grande）和贾斯汀·廷
伯莱克（Justin Timberlake）。艾尔弗雷德当时正读大学一年级的大女儿，
也和她的三个室友一起从学校开车回家参加音乐会。演出结束后，他与女

儿拥抱告别，四个女孩便启程返校。大约四十分钟后，他接到女儿的电话，说车在路上抛锚了。于是他赶去帮忙，却发现自己无法修理，便叫了拖车。

当拖车到达时，艾尔弗雷德正在车里打电话，所以司机并未注意到他，只看到了几个女孩。而后当他从车里出来时，司机略显惊讶。艾尔弗雷德的女儿有着她巴勒斯坦裔妈妈的浅棕色肤色，她的三个朋友是白人，拖车司机也是白人。"她们和你什么关系？"司机问。艾尔弗雷德告诉了他，然后说了接下来的计划——他的女儿和朋友们会驾驶他的车离开。他搭乘拖车，与司机一起将抛锚的车拖到离他家不远的一家补胎店，大约一小时车程。

艾尔弗雷德和司机上了拖车，开始沿着 64 号州际公路行驶。"当时很安静。"艾尔弗雷德回忆说。在很长的一段时间里，两人都很沉默。艾尔弗雷德偶然看向车后方，注意到车窗上挂着一面邦联旗。对一些人来说，这面旗帜表达的是对南方文化的自豪感。而对艾尔弗雷德和其他人来说，它是仇恨和压迫的象征。

艾尔弗雷德不打算说什么。毕竟，他们共处于一个小小的拖车驾驶室里。"我想，好吧，这将是漫长而尴尬的一个小时。"

\*\*\*

我们都曾经历过这样的场景：有一些话想说却觉得难以开口，也担心对方不会赞同，至少一开始不会。预想到说出后的结果，以及可能随之而来的愤怒和指责，让我们欲言又止。我想告诉你不用担心，也想告诉你不用害怕，其实要做到直接面对分歧，如何开始一场对话非常重要。

来自不同领域的学者们都发现，对话一开始的微妙差异对接下来的交谈内容有着不成比例的影响。哥伦比亚大学冲突研究实验室（Intractable Conflicts Lab）的研究人员发现，在一场关于道德冲突的对话中，参与者在前三分钟的感受会奠定接下来整个讨论的基调。从事会话分析的专业人员在做研究时将现实生活中的对话精确到每一分钟。他们已经确定，若电话一端的人在回应最初的"你好"时停顿仅超过 0.7 秒，就很大概率预示着随后的对话会进展不顺。人际关系学家约翰·戈特曼发现，夫妻谈话的开场白决定了他们接下来的互动会如何展开。一对夫妻可以在某一天就某件事进行颇有成效的谈话，而第二天却陷入同样一件事的争执之中。两次对话唯一不同的是开始的方式。

其原因在于人类有一种根深蒂固的倾向——我们会以相同的方式回应对方。我们经常在潜意识里捕捉到对话者对自己一言一行的微妙反应。如果对方表现出喜欢，我们也会想表达对他的喜欢。如果对方说出一些他们所知道的事情或感受，我们也觉得自己有必要做同样的事情。而如果对方表现出敌意，我们就会有一种强烈的冲动想要回以敌意。这种行为和情绪的镜像并不是不可避免的，但却经常发生。艾伦·西拉斯称其为"互惠原则"。

一旦开始了积极或消极的反馈循环，就很难挣脱。一场紧张的交锋可能会变成一场激烈的战斗，虽然这并不是任何一方的本意。在戈特曼的实验室里，只有 4% 的夫妻能够将一场在开始是消极的互动转为积极的。仅仅带着美好愿景开始一段对话，起不了什么作用。艾伦·西拉斯说，在大多数婚姻争论中，双方都渴望对等，努力在不冒犯对方的情况下实现自己的目标。但随着紧张局势的加剧，"人们开始表现得缺乏思考，不讲策略"。

他们将基本礼数抛诸脑后，向对方施以伤害性的人身攻击。他们把完全不相关的问题扯进来，以彼之道还施彼身。冲突自然就升级了。

所以，开始阶段至关重要。我们该如何开始呢？

\*\*\*

1943 年，美国海军陆战队舍伍德·莫兰少校（Major Sherwood Moran）向整个太平洋战区的部队发放了一份关于审讯敌方战俘的备忘录。莫兰曾是一名传教士，战前与家人在东京定居。1941 年日本袭击珍珠港时，他 56 岁，住在波士顿。他意识到自己对日语和日本文化的精通可能会对战争有所帮助，于是便应征入伍。莫兰很快就以高效审讯日本士兵而闻名。众所周知，日本士兵是出了名的抗拒对话。而且，许多人是狂热地、自杀式地致力于他们所做之事，并对美国抱有深深的敌意。

在备忘录中，莫兰解释了为什么他从不使用其他审讯者常用的威逼手段。他认为，如果强行让囚犯意识到他正面对的是自己的征服者，便会使其处于防御的心理状态。莫兰不相信让囚犯感到害怕或无力是有效的方式。剥夺囚犯的尊严，只会让他更加坚定不开口的决心。真正的目标应该是实现"心智合一"。

莫兰这一想法的前提是，他认为即使是最顽固的囚犯也有他想说出的故事。审讯者的工作是创造条件，让他觉得愿意并且能够讲出来。最可靠的方法就是你把他视为一个人去关心对待：

> 以他和他的麻烦为中心，而不是以你或你想问的战争相关的问题。如果他没有受伤或筋疲力尽，你可以问他是否吃得饱…… 如果

他有伤在身，你便有了一个难得的突破口。谈论一下他的伤势，询问是否有医生为他诊治，再让他给你看看伤口或烧伤的地方。

如今，大部分有经验的审讯者都同意上面这一观点。美国陆军前上校史蒂文·克兰曼（Steven Kleinman）是美军中最多产、最有经验的审讯者之一，也是反恐战争中使用刑讯逼供的公开反对者。他向我讲述了他在巴格达进行的一次审讯。他的同事抓捕了一名向叛乱分子出售武器的伊拉克军火商。在咄咄逼人的审问下，这名囚犯一直坚定地闭口不言，除了要求给他的女儿们打个电话。这一细节被克兰曼注意到了。当轮到他询问时，一开始他便提及自己因为没有陪在两个女儿身边而感到难过。作为交换，这位伊拉克人祖露了一丝内心的想法。他担心自己的工作让这个城市变得对孩子来说更不安全了。克兰曼说："我们的对话开始变得更像发生在两个担忧的父亲之间，而不是发生在审讯者和被拘留者之间。"虽然克兰曼没有这样说，但他实际使用了"互惠原则"。敞开一点自己的心扉，暗示对方也需如此。那位伊拉克人随后告诉了克兰曼他想知道的所有信息。

尽管这种情景与大多数人的生活相距甚远，但它为我们提供了一个模式去处理潜在的激烈分歧。那就是在争执产生之前，先把注意力放在创造合适的语境上。设法弄清楚对方关心的是什么，并在交谈中去表达你的体谅。你期待对方以何种方式来回应，就以相同的方式去行事，成为自己心中的理想对话者。由于分歧会让我们感到紧张不适，所以我们在面对他人时往往会给自己戴上防护面具。但这其实会适得其反。若对对方坦诚一点，他们更有可能对你敞开心扉。

更好的关系能让分歧有更好的结果。这个顺序很重要。如果说有一个特征能将处理困难对话的专家们与普通人区别开，那就是在进入分歧的实质内容之前，前者会潜心去搭建关系。这是他们开启对话的方式。

***

　　离婚调解员的工作是与分手过程中的夫妻双方会谈，试图帮助他们达成协议，而不用诉诸法庭。通常情况下，在这个阶段的夫妻几乎已完全无法与对方交流。已故的离婚调解员先驱帕特里克·菲尔（Patrick Phear）曾向一位他的采访者解释道，他的会谈总是从一个共识开始，无论这一点多么不值一提。"若有必要，我甚至可以这样开始——相信大家都同意我们都是人类，且现在共处一室。"同意的行为本身比同意的内容更为重要。我曾与另一位离婚调解员鲍勃·赖特（Bob Wright）交谈过，发现他的观点与菲尔一致。他说："我告诉他们，'你们都同意来调解，这就很好'。"这是一个小技巧，却能产生积极的效果。因为双方能在手头问题以外的事情上达成一致，说明了这个分歧本身并不能定义他们之前的关系。

　　赖特在密歇根州大急流城（Grand Rapids）经营着一家调解事务所。他经常和前来咨询的夫妻双方坐在一起谈话。他们中至少有一方充满着怨恨和愤怒。在这种情况下，你可能会觉得最好是远离情绪，直接进行谈判。但赖特认识到，最好的方法是把那些麻烦棘手的事情都公开说出来。他会首先请各方都说出自己想要什么，有什么感受，然后请对方来总结听到的内容，更重要的是说出对方潜在的情绪。一般来说，人们对前一个任务基本能应付，但对后一个会感到有困难。"大多数人，或者我应该说是大多数美国男人，都不太注重情感。我告诉他们，没关系，猜一猜。"如果有必要，赖特也会帮他们来猜测。因为经验告诉他，只要让他们说出来，谈话就会有所改善。

我问赖特，当一个有怒气的人听到对方说"我看得出你对此很愤怒"，会有什么样的反应呢？"他们经常会说：'你说对了！难道还要我来告诉你吗？'然后便会放松下来。一旦情绪摆在桌面上，就不那么容易变得更生气了。这一点可以很明显地观察到。"他回答说。

未表达的情绪就像一枚未引爆的炸弹，而直接提出来是一定程度上将其解除。但你必须做到认真聆听。外科医生兼作家阿图尔·加万德（Atul Gawande）在给加州大学洛杉矶分校医学院毕业生的演讲里，讲述了一个自己学生时期的故事。有一天夜里，他在医院急诊科值班，分配给他的是一位吞下半片刀片并割伤手腕的囚犯。在检查伤势的过程中，囚犯一直对医院的工作人员、带他来的警察以及正为他治疗的年轻医生破口大骂。加万德很想叫囚犯闭嘴，也想撒手不管，但终究没有这样做：

> 我突然想起一位教授讲过的有关大脑功能的一课。当人们说话的时候，他们不仅仅在表达自己的想法，更多的是在表达自己的情绪。而他们真正希望被听到的正是这些情绪。于是，我不再听那个囚犯说出口的话，而是试着去听他的情绪。
>
> "你好像真的很生气，而且觉得自己不被尊重。"我说。
>
> "是的，"他说，"我很生气，也感到不被尊重。"
>
> 他的声音开始改变。他告诉我，我无法想象他在监狱里过的是怎样的生活。他已经被单独囚禁整整两年了。渐渐地，他开始流泪，也平静了下来。我也变得平静。在接下来的一个小时里，我一边为他缝合伤口一边默默聆听，试着听到他话语背后的感受。

***

为实现富有成效的意见分歧需先建立起信任的纽带。当然，这说起来容易做起来难，尤其是在不知该如何做的情况下。有时候你会身陷一场争执，而对方是一个你并不太了解的人，你也几乎没有时间来建立关系。但这并不意味着你应该跳过第一阶段，而是意味着你需要加快速度。

有这么一类职业沟通者，他们每天会有十几次需要与不信任自己甚至鄙视自己的人瞬间建立起融洽的关系——那就是警察。尽管我们经常看到警民交涉出现问题的报道，但最优秀的警察往往都是高超的沟通者。对美国警察及他们要打交道的人而言，沟通甚至攸关生死。在美国，警察及许多犯罪分子都携带枪支。警察们需时刻敏锐地判别致命暴力发生的潜在可能性。在合适的时间，以合适的方式说出合适的话，能起到至关重要的作用。

过去几年，在一系列骇人听闻的滥用职权事件被曝光后，美国执法人员使用武力的问题成为聚光灯的焦点。为此，美国最具前瞻性的警察部门开始重新思考，该如何与他们所服务的社区居民近距离接触。警察和普通民众的相遇往往带有紧张的气氛，有时还可能迅速发展为对抗。这就是为什么对警察而言，将事态降级成为一个愈发重要的技能。为了了解具体方法，我去了田纳西州的孟菲斯。那里的警察局主管迈克尔·拉林斯（Michael Rallings）是一位非裔美国人。他一直引领着这一方法的推广。2016 年，一场 "Black Lives Matters" 的公众集会将孟菲斯的一座桥封锁了好几个小时。拉林斯在未动用任何武力的情况下成功劝说抗议者离开以恢复交通，并始终与他们打成一片。我在孟菲斯警察学院与 20 多名警察一起学习了 3 天。他们大部分是经验丰富的警察，有白人、非裔美国人、亚裔美国人，有男性也有女性。大家都非常渴望学习这一方法。

课程由一家名为 Polis 的培训公司提供。该公司的联合创始人乔纳森·温德（Jonathan Wender）是一位哲学博士，也曾做过警察。后文还会再提到他。公司在孟菲斯的团队由一名退休警察唐·古拉（Don Gulla）引领。他在西雅图从警 30 多年。如今，他与同为退休警察的迈克·奥尼尔（Mike O'Neill）及罗伯·巴兹利（Rob Bardsley）一起，对警察进行事态"降级"培训。但很显然，他不大喜欢这个说法。在培训开始的前一天晚上，我与他们三人在酒店共进晚餐。当我提到这个词的时候，古拉耸了耸肩，说道："每个人都在谈论'降级'，但从没有人真正说明过它到底是什么？"古拉是一位菲律宾裔美国人，眼神和蔼可亲。他接着说："比如有一个人在前台大厅里拿着一把切肉刀发疯。我怎么才能将事态降级呢？也许最好的办法就是开枪打死他。这算是'降级'吗？"古拉苦笑了一下。对他而言，"降级"只是给良好的沟通起了一个花哨的名字。

在第一天的培训中，古拉问在座的学员："当有人对你大喊大叫时，你会怎么做？你会回应'闭嘴，你快冷静一下'吗？不，你不能这么说，因为这将使情况变得更糟。"古拉说，在一开始，与事态降级同等重要的是不要将之升级。在压力下，警察可能会不小心陷入互惠原则的恶性反向循环之中。"你不要冲他回嚷，而是说，'嘿，老兄，我知道了。看来我们之间有些问题要一起解决一下。'"

现在我们理解了，对于一场可能会发展到局势紧张的相遇（对警察而言，几乎是绝大多数的情况），开端是何其重要。在谈及要做什么之前必须先建立起一种联系。但如果你去告诉对方应该有何感受，就无法建立起联系。事实上，正如古拉的同事迈克·奥尼尔所强调的，这样做只会将对话带入错误的反复之中。他说："一旦你告诉别人要冷静下来，他们就会回应，'不，该冷静的人是你！'你开启的可能是一场争论，也可能是一场争斗。"

Polis 团队给孟菲斯警察的建议中有一条是：以对方所处的状态为出发点。这句话是他们从前在路易斯安那州做培训课程时偶然听到的。某一天，他们三人正在一家中餐馆吃午饭（古拉和他的同事们都是地道的美食家）。这时一个穿西装的人走了进来，问他们这里的食物怎么样。之后，大家就一起聊了起来，也提起了为什么来到这个城市。那人告诉古拉他们，自己是一名保险理赔员，负责核定索赔。他的工作内容使得他需要与各种情绪状态的人打交道。于是，他便分享了一些他认为颇有成效的采访方式。"我会以对方所处的状态为出发点。如果他们很生气，我会陪他们生气。如果他们很高兴，我也一起高兴。"这位保险理赔员并不是说面对生气的人，他也跟着生气，而是指他总是试图通过自己的语言或语气去回应对方的感受。他会根据对方的情绪变化来调整自己的沟通方式。从那时起，这句话就成了 Polis 团队挂在嘴边的常用语：以对方所处的状态为出发点。

"以对方所处的状态为出发点"意味着你首先需要关注对方正处于什么状态。迈克·奥尼尔在课堂上谈到，警察在到达一个有暴力可能性的现场之后，都需要在正式介入之前先暂停一下来评估当事人的身心状况，哪怕只是很短暂的时间。"我走过去，先听几秒钟，试图拼凑一下事件。有时候我们到了现场，会预判一些信息。但往往当我们问了情况之后，才会发现真正的问题所在。"

一位女警官在课上分享道："我试着与他们拉近关系。如果家里有一个婴儿，我可能会问是否可以抱一抱，然后将注意力集中在婴儿身上，这样每个人都会平静下来。我曾走进一家人的客厅，看到了 SIG 的标志（SIG Sauer 是一个流行的枪支品牌）。我想，好吧，看来这个家里有枪，好歹知道了这个信息。但同时我也看到了一个互动的切入点，于是问道'你都收藏了什么枪呢？'"另一名女警官说她曾去逮捕一名嫌疑人，因看到他父母生病，于是提及她自己的母亲最近刚因为癌症去世。大家安静地听完她的发言后，奥尼尔点了点头，说道："我生命中所经历的一切都能对我的工作有所帮助，哪怕是那些与父母之间的争吵。所有的经历都能产生共情。"

另一位警官回忆说，他曾去逮捕一名有家庭暴力的男子。"我到了之后看到妈妈正想带着孩子离开，但他抱着孩子不愿交出来。后来他开始问我问题，比如我是否相信上帝。起初我想，这关你什么事，我是个警察。而后转念一想，有何不可呢？于是我们开始谈论不同的宗教，中东的情况，以及历史频道上播出的内容。不知不觉中，他已经把孩子放下了。我们一起走到警车上，一直在聊天。"

尽管不是所有的分歧都需要实现一方的遵从，但这种在切入正题之前先建立情感联系的原则，适用于各种艰难对话的场景之中，也包括政治领域。网络名人及媒体企业家伊莱里·帕里瑟（Eli Pariser）观察到，在美国，在线讨论政治最好的场所之一是一些球队网站的论坛。由于参与者有着热爱这支球队的共同点，便更容易卸下防御，去接受与自己不同的观点。如果你们唯一的共同点是双方都不赞同对方的观点，那么就很难让分歧产生结果。我们总是关注于寻找共同点，似乎把它当成了一个终极目标。殊不知它其实是一块跳板，以实现富有成效的意见分歧。

\*\*\*

艾尔弗雷德·威尔逊在拖车驾驶室里默默地坐了 15 分钟后，大脑里开始出现一个训责的声音。"我感觉到有人在拍打我的肩膀，"艾尔弗雷德告诉我，"那是希瑟。她仿佛在对我说'艾尔弗雷德，你需要说出来'。"于是，他决定接受这位已逝朋友的建议。但他也不想直接询问旗帜的事情，显得过于有对抗性。他在内心问自己：如果是希瑟，她现在会怎么做呢？"她应该会先和他接触一下。"

艾尔弗雷德在夏洛茨维尔的一家律师事务所工作，帮助客户完成申请破产保护的程序。五年前，他试图招聘一名数据录入员。其工作内容是接待第一次来访的新客户，并将他们的信息输入系统。他的一名法律助理推荐了她的朋友希瑟·海尔，并希望艾尔弗雷德在考量的时候可以不拘一格。原因是希瑟跟其他候选人不同，她既没有法务工作经验，也未取得任何学位。艾尔弗雷德还是给了希瑟面试的机会。面试时，希瑟有点紧张，但仍不失亲和力。她说："我感觉有点奇怪。在这里，你们都穿着西装，而我过去只在酒吧里工作过。"艾尔弗雷德问她，一个普通的周末大概能赚到多少小费。当听到 200 美元的回答时，艾尔弗雷德便认定她一定很擅长与人沟通，就决定试一试。

希瑟第一天来上班的时候，整个人看起来昏昏沉沉的。那天早上，她走进艾尔弗雷德的办公室，询问是否可以将她的工作时间调整一下，从现有的早上 8 点半到下午 5 点改成中午 12 点到晚上 8 点。她解释说："我以前一直是一名调酒师，从不在中午之前起床。我不知道自己是否可以适应现在的工作时间。"艾尔弗雷德为她堂而皇之的理由感到好笑，说："你是在跟我开玩笑吗？我们的客户可不会晚上 8 点还在这里。"然而希瑟却坚持希望可以改一改。于是，他们商议后调整为上午 10 点开始。艾尔弗雷德跟我回忆起这段往事时笑了，说："这就是希瑟。她总能将人带入困难的对话之中并做出妥协。"

希瑟工作很努力，也学得很快。事实证明，在与人沟通方面她的确有过人之处。"来我们这里的客户都处在人生倒霉的阶段，"艾尔弗雷德说，"他们可能最近刚心脏病发作，或者正在与癌症做斗争。他们的房子被银行收回，车也被没收。因此，来的时候，难免有尴尬之情。希瑟是接待他们的第一个人，而她总有方法让他们放松下来，感到舒适。"几个月后，艾尔弗雷德开始注意到希瑟为他的工作所带来的一些变化。"客户在与希瑟交谈之后，会更愿意袒露心扉，这也意味着我们可以更好地帮助他们。她为我们打开了一扇门。"艾尔弗雷德说。

希瑟渐渐认识了艾尔弗雷德的家人。"她与我的小女儿关系很好，还会和她谈论勇敢说出自己想法的重要性。"艾尔弗雷德有时候会在办公室里看到希瑟在流泪，那通常是因为她在网上看到某个弱势群体被欺负。某一天，当他注意到希瑟又在落泪时，便直接问起缘由。她却回答正是为了艾尔弗雷德。"我不明白你为什么要帮助那些人？"希瑟问，并说她注意到他与新客户见面时发生的一些情景。艾尔弗雷德感到很困惑，有点不知所云。"你伸出手，他们却不和你握手，"希瑟说，"就好像根本不愿意由你来帮助他们。"

艾尔弗雷德意识到她说的是对的。"大概是因为这种情况在我的生活中发生过太多次，以至于我已经注意不到了，也不会说什么。"他告诉我，"我已经自然而然地接受了这种被对待的方式。"希瑟还注意到，之前不愿握手的客户在与他交谈一个小时后，临走前会去拥抱他，并深表感谢，但这反倒让她更加难过。

　　艾尔弗雷德因为一心想要避免可能的冲突，便默许了这种长期存在的小不公。意识到这一点后，他开始有所改变。"现在如果我伸出手对方没有回应，我就会说，'嘿，我还没能和你握手呢。'我这样做是为了让他们与我有所互动，并去调节自己可能有的不适感。他们之后的确会更放得开一些。希瑟在沟通方面很有天赋。"他回忆起集会当天一段希瑟与一位白人民族主义女性交谈的视频。"希瑟与三位黑人朋友站在一起，非常平静地问那位女士，'你能解释一下为什么不喜欢我的这些朋友吗？如果你解释不了，如何能确定自己在做正确的事情呢？'"

　　坐在拖车驾驶室里的艾尔弗雷德，在听到脑海里希瑟对他说的话之后，开始思考要如何开启接下来的对话。最后，他这样说道："你做拖车司机多久了？刚刚见你把车拖起来的过程非常专业。"司机回应了他，于是两个人开始交谈。"交流中发现原来我们都有三个孩子，且都做着多份工作，因为想让自己的孩子有更好的未来。"大约凌晨 1 点，当拖车快到轮胎店时，艾尔弗雷德终于问了那个困难的问题。"我想问一下，你为什么要挂那面旗在后面？"

　　拖车依然在行驶，但仿佛一切都静止了。司机并没有直接回答。之前一直用一只手开车的他，现在把两只手都放在了方向盘上，直视着前方。然后他说："为了支持我的传统。""你的曾祖父参加过内战吗？"艾尔弗雷德饶有兴趣地问道。司机似乎也不太确定，说："好像有一位伯祖父参加过。""哦，这样啊！"艾尔弗雷德说，"你干拖车这一行是面向公众的职业。很多人看到这面旗帜可能会觉得不舒服。我一开始就有这种感觉。但和你交谈下来，发现其实我们俩有很多共同点。"司机表示了同意。

到达店里之后，艾尔弗雷德说了声谢谢，然后下车，等着妻子来接。后来他发现那辆拖车还一直停在原地，就过去告诉司机，他可以离开了。司机回答："现在太晚了，你不应该一个人待在外面。""我感受到了他的关心。"艾尔弗雷德说。

大约一周后，艾尔弗雷德接到了那位司机的电话。他说他只是想问问是否一切顺利。艾尔弗雷德告诉他，女儿的车已经修好了，并感谢他的问候。"呃，还有一件事情想让你知道，"司机说，"我把旗子取下来了。"

***

在希瑟去世后的几天，她的母亲苏珊·布诺在全美及全世界数百万人的关注下，为她的女儿致了悼词。她对着凶手及其盟友喊话道："他们试图杀死我的孩子来让她闭嘴。但结果呢，却让她声名远扬。"这段简洁有力的发言快速传开，并成为全球有关布诺演讲的新闻标题。演讲中还有一些内容虽不及标题在 Twitter 上传播性强，但也同等重要。布诺并未神圣化她的女儿，而是描述了自己与一个充满热情、有主见的年轻女性在一起生活的真实场景：

> 哦，天哪，和她一起吃饭，对我们来说是一场聆听的考验。无可避免地，会有谈话，甚至分歧。因此有时我丈夫会说："呃，我需要到车里去玩一会儿游戏。"于是我和她继续交谈，我会去认真听。我们也会有讨价还价的时候，但我同样会去倾听。

苏珊·布诺的演讲之所以如此特别，是因为她并不只是在告诉人们要为世界做一些改变，或者要坚持自己的信仰，而是谈及了提出不同意见是多么地困难，但对我们而言又是如此必要：

> 让我们来聊一些可能让人感到不舒服的话题吧。我们很难平静地坐下来，说："好吧，你为什么不高兴？"或者"呃，我其实是这样想的。我不同意你的观点，但会认真去听你说的话。我们也不会直接围坐一圈，握手言和，同唱《欢聚一堂》（*Kumbaya*）①。"……而现实是，我们之间会有分歧，会对彼此感到愤怒。但是，让我们不要把这种愤怒变成仇恨、变成暴力、变成恐惧，而是转化为正义的行为。
>
> 现在，我们已经有一些人愿意相互倾听，相互交谈。昨晚在新英格兰，他们以希瑟的名义举行了一次和平集会，并进行了一些艰难的对话。如果你想知道这些对话进行得怎么样，可以去看她 Facebook 上的帖子。我告诉你，有时进行得非常艰难，但至少是在对话。而这些交流必须要进行。

苏珊曾是一名教师，与她的第二任丈夫住在弗吉尼亚州的一个拖车公园里，距离夏洛茨维尔市大约半小时车程。自从希瑟去世后，她个人一直在坚持促进艰难的政治对话。在 Facebook 和 Twitter 上，她试图收集整理那些激烈的甚至是尖锐的有关种族和政治的争论。她对反对者的态度非常礼貌，包括那些对她女儿的死亡大谈阴谋论的人。

苏珊告诉我，她不认为每个人都能真心诚意地参与进来。比如与这场白人民族主义集会的组织者进行对话，就并没有什么意义。但她希望去接

---

① 录制于 1926 年的一首美国黑人宗教音乐。到 20 世纪 50 年代和 60 年代，成为美国人露营时的流行播放歌曲，被赋予和谐欢聚的含义。而现在常被政客用来表达对表面一团和气的鄙夷讽刺。——译者注

触到那些对他们所造成的后果抱有些许同情心的人。

在 Twitter 上，人们站在角落里互相谩骂，就像一个感到害怕却不知道说什么的小孩子。我认为我们本可以表达更多，却习惯了一种最简单的方式，那就是大喊大叫，然后屏蔽别人。我们没有试着去了解彼此。

苏珊还谈到需要找到正确的语境来建立联系。

如果我告诉他们我住在拖车公园，他们马上就会假定我的政治观点和教育水平；如果我告诉他们我曾是一名教师，又会改变一些对我的看法；或者我也可以告诉他们我喜欢摇滚乐。如果你愿意将自己打开一点，就可以开启一段对话。

# 原则 2：松开绳子，不去试图控制对方的想法

想要更好地表达反对，就不要试图控制对方的想法和感受。

2013 年，一名英国男子因计划绑架和谋杀一名士兵而被捕。该嫌疑人有犯罪前科，曾在社交媒体上发布支持暴力圣战的信息。在对他的家进行突击检查时，警方发现了一个袋子，里面装有一把锤子、一把菜刀和一张标有附近军营位置的地图。

他被捕后不久，一名反恐警察便对他进行了询问。警察希望他能说出自己的计划，并招供是否有一起密谋的同犯。但这位被拘留者尼克拒绝透露任何信息，只是滔滔不绝地阐述着英国这个国家的罪恶，几乎无间断地持续了半个多小时。当询问者试图提问时，尼克一脸轻蔑地指责他无知、天真、道德观薄弱。他说道："你根本不了解你自己的政府有多腐败。当然，如果你不在乎，那就去死吧。"

如果观看询问的视频，我们可以觉察出，在咆哮背后的尼克其实希望

能说出他所知道的事情。在他面前，有一本打开的《古兰经》。他说自己是为了英国人民的利益而行动。作为上帝的子民，他愿意与警方交谈以防止未来的暴行。但在他确信审问者是同他一样关心这个国家之前，他拒绝回答任何问题。"询问的目的不是完成你的问题列表，以便你又能一拍脑袋做决定。如果你只是在无动于衷地完成你的工作，那我们就不必谈了，所以请你真诚一点。"

在这场交涉中，紧张的氛围显而易见。尼克不时地因为一些说出的或未说出口的话而生气，于是转过脸去避开询问者，沉默不语，或者直接离开房间。每次他回来时，律师都劝他不要说话。尼克却完全不予理会，但换个角度看也算接受了建议：尽管长篇大论，但并没有说出任何有效信息。

> 尼克：你解释一下为什么我应该告诉你。你问我这个问题背后的原因是什么？
>
> 询问者：我之所以问你这些问题，是因为我需要调查到底发生了哪些事件，以及你在其中的角色是什么。
>
> 尼克：不，那是你的工作，不是你的理由。我是在问为什么这对你来说很重要。

询问者在面对尼克的言语攻势时，一直都保持着异常的冷静，却无法打破僵局，最终被召回。当新的询问者坐下时，尼克又恢复了他的审判者姿态。"你为什么要问我这些问题？"他说，"仔细想一想你的理由。"

换作是你，你会怎么回答？

询问者可以简单地重复上一位警察所说的话，因为那毕竟是事实。但得到的回应大概会和之前没什么区别。在观看这段视频时，我惊讶于这与我自己所经历的争论场景有多么相似：双方都陷入意志的斗争，没有人愿意主动退让一分。只有当某一方转变立场或哪怕改变语气时，对话才能被打开。你会发现，这场争论的重点其实并不在于争论的内容本身，而在于到底谁说了算。

新的询问者开始说话：

> 在我们逮捕你的那天，我相信你有意图想要杀死一名英国士兵或警察。我尚不清楚具体发生了什么，以及为什么你认为有必要这样做，或者你想以此达到什么目的。这些问题只有你知道答案，尼克。如果你愿意，请告诉我。如果不愿意，也可以不说。我不能强迫你告诉我，我也不想强迫你。但我希望你能帮助我理解这件事情。可以告诉我发生了什么吗？

询问者打开了他的记事本，向尼克展示了空页，说："看到了吗？我甚至都没有一个问题列表。"

"很好，"尼克说，"因为你对我的体谅和尊重，我现在便都告诉你。"接下来，他把之前制订的犯罪计划完整地叙述了一遍。

*** 

第二位询问者用了什么方法让尼克开口的？劳伦斯·艾利森（Laurence Alison）认为是他非常明确地指出，尼克不必开口。让一个人把秘密说出来所用的最糟糕的方式就是告诉他你必须这样做。

劳伦斯是利物浦大学的司法心理学（forensic psychology）教授，也是有效审讯方面的世界权威之一。他的妻子埃米莉·艾利森（Emily Alison），也是该领域的一位专业顾问。他们与英国警方密切合作，负责构建世界上第一个以实践为基础的有效审讯模型。我同他们两人一起观看了那段视频。

过程中埃米莉·艾利森暂停了录像，面露难色，说道："当我第一次看这段录像时，忍不住关掉走开了。我感到很气愤，心跳加速。在当时的现场，情况肯定糟糕一千倍。"劳伦斯点了点头。埃米莉接着说："询问者表现出来的样子就好像在说，'你才是那个该死的被审问的人，不是我。'他在试图控制你，所以你也要去控制他。但随后事态就升级了。"一旦审讯变成关于主导权的争夺之战，就注定失败了。当我们在观看尼克的视频时，一名英国反恐警察部队的警官也在房间里。"警察已经习惯了要去掌控，"他说，"我们要做的很重要的一步就是让你丢掉自我意识。"

埃米莉离开家乡威斯康星州来到英国，在利物浦大学学习司法心理学，之后结识了劳伦斯。那个时候劳伦斯还是一位在读博士生，但已是该领域冉冉升起的一颗新星。埃米莉曾在威斯康星州的监狱担任过顾问一职。在劳伦斯建立学术生涯的同时，她重启了自己的顾问工作，帮助社会福利工作者们为遭遇家庭暴力的人做咨询。劳伦斯有时会接到警察打来的电话，请他为一些棘手的审讯提供建议，他便会与埃米莉一起商议。埃米莉做顾问的经验让她懂得了如何与不好沟通的人交谈。他们夫妻二人很快就以能攻克最具挑战性的嫌疑人而闻名。

2010 年，劳伦斯受一家美国政府机构的委托，研究非胁迫性的审讯方法。他把目光投向了一个大胆的目标：说服英国的反恐部门给他权限观看对恐怖分子嫌疑人的询问视频。经历了两年时间及一百多个电话之后，申请终于批准了。那些视频里的询问对象包括爱尔兰非法军事组织的人员、基地组织成员和极右翼极端分子。其中一些人只是一无所知的小混混，而有一些人则是高度危险的特工。

艾利森夫妇运用一种复杂的审讯行为分类法，将那些询问录像精确到分钟去详细分析。他们研究了嫌疑人所采用的策略（如保持沉默、哼唱）、询问者提问时的态度（如对抗性、权威性、消极性），以及至关重要的一点：嫌疑人提供的信息数量和质量。他们所收集的数据总共包含了 150 个不同的变量。当做完这一部分工作后，便对数据进行了统计分析。结果显示，与嫌疑人建立了更好关系的询问者会获得更多、更有用的信息。艾利森夫妇首次以实证的方式，证明了一个此前存在于假设和内部秘密之间的理论：融洽的关系是审讯者获取真相的一剂灵药。

艾利森夫妇的发现并未止步于此。他们比其他人都更深入地定义了什么是融洽的关系。尽管这一概念在精英阶层中广为流传，但大家对其定义模糊，知之甚少，还经常简单地将其与友善混为一谈。然而据劳伦斯观察，事实上询问者可能会因为太过友善，太快默许了嫌疑人的要求，而导致审讯失败。最好的询问者知道什么时候该表示同情，什么时候该直截了当。他们从来不会让被询问者感到自己是被迫说话。相反，会强调对方可以做出自己的选择，从而让审讯更有可能获得成效。例如，失败的审讯者往往会在问询开始时喃喃自语地宣读法律上的权利声明（"你有权保持沉默……"）。而成功的审讯者则更可能大张旗鼓地、明确地强调嫌疑人有不说话的权利。按照劳伦斯的解释，他们可能会这样说："我不能告诉你该怎么做。这个人（律师）也不能。一切取决于你自己。如果你想离开这个房间，现在就可以。我只是很好奇到底发生了什么让你来到这里。"然后，他们开始倾听。

在与劳伦斯一起处理警察案件的那几年，埃米莉·艾利森渐渐发现审讯和成瘾咨询的共通性——让一个不愿与你同处一室的人谈论他不想谈论的事情。她告诉我，大约 20 年前，做成瘾咨询的方法被一个简单的事实所改变：没有人喜欢被告知应该做什么。

*** 

1980 年，一位叫斯蒂芬·罗尼克（Stephen Rollnick）的 23 岁南非人开始在一家戒酒康复中心担任护士助理。该中心的临床医生采取的是对抗性的方法。他们认为客户在成瘾程度上对自己和他人撒了谎，所以会在开始康复疗程之前，质疑患者的诚实度，打破其幻想，从而攻破其防御。

这家诊所的做法并非独树一帜。战后医学界对成瘾治疗的共识即是将患者视为任性的孩子，需要教导他们如何做人。咨询师的工作是告诉成瘾者他们的真实状况。如果他们否认，就更强势有力地表达，直到他们接受为止。罗尼克认为，这势必会带来不和睦的关系。他还注意到，咨询师们在咖啡厅里闲聊到患者时，总略带着蔑视。

在罗尼克负责的客户中，有一位叫安东尼的酗酒者。他在小组讨论会中几乎一言不发。某一次讨论会结束后，他照例走了出来，却是他的最后一次。罗尼克在第二天早上得知，安东尼在自己年幼的孩子面前枪杀了妻子，随后自杀。这一悲剧给罗尼克带来了巨大的冲击，于是他辞去康复中心的工作，离开南非，到英国定居。他开始在卡迪夫大学（Cardiff University）学习临床心理学，并试图寻找一种不同的方法来帮助那些成瘾者。

几年后，罗尼克读到了一篇由一位年轻的美国心理学家威廉·米勒（William Miller）发表的论文。他震惊地发现，自己对论文中的内容是如此赞同。米勒是一位研究酗酒治疗的专家。他提出，一直以来咨询师与成瘾者的交流方式是错误的。米勒认为成瘾者在希望做出改变和保持现有习惯的两个愿望之间挣扎摇摆，而直接被告知应该怎么做会引发一个反作用：一旦他们感到自己被评判或被命令，就会联想起所有不愿改变的理由。咨询师塑造自己的权威性可能会让自己感觉良好，却无形中强化了成瘾者保持习惯的决心。

米勒提出了另一种方式：咨询师不要执意让患者做出改变或挑起对峙，而应专注于建立一种信任和相互理解的关系。允许他们讲述自己的经历，而无须为曾经做出的选择去辩护。最终，他们会主动地开始谈及想要有所改变。由于这个决定是自己达成的，而不是按照别人的指令行事，他们将更有动力去实施。米勒称这种方法为"激发性会谈"（motivational interviewing，MI）。罗尼克开始在他的临床治疗中使用 MI 方法，并取得了具有变革意义的成果。而后，他在某次会议上遇到了米勒，并提出自己热衷于 MI 方法的实践。两人后来共同出了一本书，延展了米勒的观点。

米勒和罗尼克在书中指出，大多数成瘾者都真心地想要改变。他们清楚地知道自己的这一问题给生活和身边人带来的影响。他们希望停止，又同时希望继续，如此矛盾着，而矛盾的心态常常被人误解。他们并非对所发生的事情不关心。恰恰相反，一个心理矛盾的人有过多的动机：他同时想要两个东西，但这二者互不相容，在他的精神世界里相互撕扯。不仅是成瘾者，我们也都经历过矛盾的心理。米勒和罗尼克用一句话给出了一个典型的例子：

> 我需要注意一下我的体重了（渴望改变），但我已经尝试了所有的方法，总是不能坚持（渴望维持）。

一个心理矛盾的人，其大脑中就像在召开一场委员会会议。委员会中的一些人主张改变，另一些人反对改变。当咨询师主张要改变的时候，就增加了委员会中一方的声音。此时，这位矛盾的人的本能反应就是为另一方发声，提出不应该改变的理由。这看起来像是双方僵持不下，但实际上是"不改变"一方获胜，因为人们往往更相信自己而不是他人。因此，米勒和罗尼克得出一个令人忧虑的结论：当你向某个人论证他为什么应该做出改变时，反而使他不愿去改变。

在成瘾治疗的过程中，有矛盾心理是好的：一个矛盾的成瘾者比一个仍然完全沉溺在嗜好中的人更接近康复这个目标。但若治疗师不能帮助成瘾者突破自己的心理斗争（通过倾听，而非说教），那么矛盾心理就会成为康复的绊脚石。书中还开创了一种能引出患者想法的新方法，称为"映像"（reflection）——以试着猜测理解的方式，对说话者所说的话做出回应或总结，例如"所以如果我理解正确的话，你是在说……"说话者可以接受这种解释，也可以纠正。但无论怎样，他们都会感觉自己被听到了，并被赋予了权力，而同时治疗师则能更深入地去了解他们的想法和感受。

由于这种方法的有效性，米勒和罗尼克的著作成为其领域内的畅销书，给各个专业的治疗师都带来了巨大的影响。超过 200 项随机对照试验发现，MI 方法在一系列领域里都比传统方法更有效，其中包括赌博成瘾和心理健康方面。威廉·米勒现在是世界上被引用频率最高的科学家之一。事实证明，MI 方法背后的原则适用于许多类型的艰难对话。

埃米莉·艾利森在威斯康星州的缓刑服务机构担任咨询师时，曾接受过"激发性会谈"的培训。后来与劳伦斯一起同英国警方合作时，她注意到审讯失败或成功的原因与治疗过程很相似。审讯者如果把谈话对象视为对手，只会空手而归；如果视为伙伴，则会收获信息。这一观察结果成为艾利森夫妇和谐关系模型的基础。他们后来也为此找到了强有力的实证支持。和谐关系是一种信任或喜欢的感觉，同时人在其中也能感受到平等，双方都可以做出自己的选择，提出自己的想法，而不去试图控制或支配对方。

面对任何分歧我们都应谨记以上这一点，包括家庭内部的冲突。"我告诉警察，如果你能应对十几岁的青少年，你就能应对恐怖分子。"劳伦斯说。他给我举了一个例子：一位父亲为他晚归的女儿开门，并告知女儿她违反了他们的协议。女儿觉得自己被控制，就开始反击。一场权力之争随之启动，直到其中一人或两人同时生气地走回自己的房间。当然，青少年有时的确让人感到不可理喻，但可以肯定的是，当对话变成主导权的争夺之战时，就注定会失败。劳伦斯说，如果这位父亲强调的是自己对女儿安全的担忧，则可能会和女儿有更多的交流。"在拔河比赛中，你拉得越紧，对方也就越用力。我的建议是，松开绳子。"

\*\*\*

在米勒和罗尼克对传统成瘾治疗的批判中，暗含着一条犀利的建议：咨询师应该质疑自己的动机。他们希望"修复"对方的本能（去矫正或安置），代表了一种想要主宰双方对话和关系的愿望。米勒和罗尼克为这种本能取名为"翻正反射"。当我读到这里的时候，就发现它无处不在。翻正反射正是诸多功能失调性分歧产生的背后原因。

在阿黛尔·法伯（Adele Faber）和伊莱恩·玛兹丽施（Elaine Mazlish）的经典育儿著作《如何说孩子才会听，怎么听孩子才肯说》（*How to Talk so Kids Will Listen & Listen so Kids Will Talk*）中，概述了一段典型的母亲与孩子之间的交流：

> 孩子：妈妈，我累了。
>
> 我：你不可能累啊，刚睡过午觉。
>
> 孩子：但我真的觉得很累。（更大声）
>
> 我：你不累。可能只是有点困。快去换衣服吧。
>
> 孩子：我不去，我很累。（开始大哭）

法伯和玛兹丽施观察到，导致亲子之间的对话演变成如上的争论，往往是因为父母强势地指出孩子的认知是错的。认识这个世界的正确方式只有一种，那就是父母的方式。相应地，孩子的反应自然就是更强烈地坚持自己的观点。

许多成年人之间的分歧也是如此。我们总是极力想去纠正我们认为正在犯错的人。我们相信，只要能够阐明正确的论点，或是提供关键的事实依据，就能瓦解对方对真相的抗拒，就像咨询师相信自己能够攻破成瘾者的防线一样。我们幻想着自己的对话者会发生质的改变。在他们听到我们自认为令人信服的论点之后，转过身来对我们说："天哪，你说得对！我之前完全想错了。"这种情况可能偶有发生，但更多的时候，对方只会变得更加固守自己的立场。

我们通常都是抱着善意去纠正他人的。但试想一下，若有人斥责你或长篇累牍地向你解释为什么你错了，你会是什么感受？可能会觉得很恼火，甚至感到很丢脸，就好像对方在发号施令或实施压制。我们对这种感受的描述往往是这样的：我被人看不起；我觉得自己很渺小。这就是为什么我们通常会反击，即使知道对方是正确的。事实上，对方越是正确，我们就越是抗拒，而反过来对方亦是如此。其结果就是，这场对话要么升级为火力全开的争吵，要么被彻底切断。

翻正反射不仅是出于信念，也是为了满足某些情绪。Polis 团队对孟菲斯警察有一个建议——永远不要叫一个心烦意乱的人冷静下来。这让我想起了自己和孩子们之间的争吵。我让他们不要为那些在我看来微不足道的事情生气，比如他们会因为早餐倒牛奶时拿错了杯子而生气。不得不说，这几乎不起任何作用。但转念一想，如果有人在 Twitter 上告诉我应该或不应该对某个新闻感到愤怒，我也不会有什么积极的反应。我还忽然意识到，我的妻子似乎也不喜欢我告诉她要冷静下来（正如迈克·奥尼尔所说，这恰恰只会起到相反的作用）。抛开其他不谈，这种做法犯了一个范畴上的错误：情绪是不受理性干预的，这正是它的特点。如此一来，我们为什么要坚持告诉别人，应该有怎样的感受呢？出于同样的原因，我们会对自己劝说、讲道理的能力过于自信，而很难想到别人其实有着和我们一样的真实而复杂的感想。

对翻正反射保持警惕并不等同于要避免分歧，而是指在双方了解到对方的立场之前，不要过早地进入争论之中。当然也不等同于要放弃对与错。最重要的是，不要认为或者希望自己能用语言去控制对方的思想。不把分歧视为一种需要去抵御的威胁，而是一场可双赢的合作。毕竟，与我们意见不一的人通常也能说出几分道理供我们学习，而且对方很可能也对自己所陈述的观点尚有存疑，内心并不像表现出来的那么坚定。只要他们不将注意力完全集中在自我辩护上，你就可以从中找到一些让他们不安或矛盾的地方。反过来说，你也一样。

如果你的对话者不希望以任何方式合作，你大概也无能为力，但至少不必卷入一场耗费精力的意志较量之中。通过抑制翻正反射和积极地倾听，可以让对方感受到你有兴趣去了解，而不是想要支配。这样能让对方感到放松，进而你自己也能更放松。双方之间可能仍然存在着强烈的分歧，但由于彼此的平等相待，可以让改变成为可能。哪怕是双方已有的想法，都有可能被改变。

＊＊＊

上面的讨论可能回避了一个困难的问题。如果你对别人的观点至少保持尊重，那比较容易能抑制翻正反射。也就是说，如果你认为对方的想法虽是错误的但还算合理，甚至觉得自己可能被说服，就会多一些倾听，少一些说教。然而在更极端的情况下，这种方式是否还有价值？你可能会有这样的疑问：要是和我谈话的人坚定不移地相信着一些明显是完全错误的观念，我该怎么办？难道不应该在第一时间直接告诉他吗？

这个问题在近几年来愈发显得紧迫。那些对现有科学体系的基本原则持有异议的人士，通过互联网聚集在一起，分享和传播错误的理念，有时还可能导致严重的后果。比如一些反对为儿童接种传染病疫苗的人，发起反疫苗运动。这很可能会使像麻疹这类在发达国家已经被根除的疾病又重新出现。

我们通常说这类人有"妄想症"，我想到或许可以从临床治疗妄想症的专家那里得到一些启发。于是我去拜访了伦敦国王学院的伊曼纽尔·彼得斯博士（Dr Emmanuelle Peters）。彼得斯是一位临床心理学家，专门治疗精神病性妄想症。那些患者往往被一些错误的信念所支配，难以维持正常的生活。需要说明的是，不相信一个广泛接受的科学事实，或相信关于登月的阴谋论，与精神错乱是不等同的。但事实证明，也不是完全不同。

临床上的妄想症患者往往表现出极偏执的症状。他可能会认为在街上遇到的每个人都在密谋害自己，或者认为接收到了来自外太空的加密信息，宣告地球即将遭遇攻击。也有一些患者有着更"积极"或"宏大"的妄想，但反而让自己陷入消沉。比如有人认为自己是一个国王，终有一天将继承一笔财富，因此他从不费心去赚取任何收入，将自己推向了贫困潦倒的边缘。有妄想症的人找到治疗师，并不是为了治愈自己的妄想症。事实上，他们并不认为自己在妄想，只是觉得这些思虑让生活变得太紧张、困难。比如有人确信自己在政府的暗杀名单上，便害怕得不敢出门去工作或去商店。彼得斯说，治疗师的首要任务是去理解这种感受。"正确的态度不是'我必须让这个人意识到自己错了，进而走出痛苦'，而是'我必须理解这个人的想法从何而来'。"也就是说，治疗师需要从患者的立场出发。

彼得斯医生会认真地听我的问题，然后用简洁而流畅的语句做出回应。她的举止很自信，但措辞却是试探性的，如频繁使用"说不定""也许"和"很可能"。而且她也会习惯性地确认她的对话者是否还与自己同步。她告诉我，一些心理健康专家认为有必要让妄想症患者知道实情——"你说的是公园里那个往地上吐痰的人吗？他怎么可能是在跟你发送信号，他只是在吐痰。根本没有什么大阴谋，都是你脑子里的胡思乱想。"然而他们很快就会发现，这样做将一无所获。患者在过去的几个月甚至几年的时间里，都在忍受着身边的人告诉他们"你错了""你疯了"。他们听了太多一样的话，不会因为这一次是出自一名医生之口就会突然改变主意。

"一旦你试着去改变他们的信念，他们就会反击。"彼得斯医生告诉我，"如果你直面切入，不会带来任何帮助，因为他们将会用所有时间来说服你。"治疗师应该向患者提出，可以帮助他们走出心里的困境。这并不是在附和错误观念，毕竟患者已经对此深信不疑了。只是通过让自己站在患者那一边，使他们更有可能听取你的建议。

随着时间的推移，彼得斯医生会试着慢慢地帮患者降低信念的确定性。只要患者表现出一丝怀疑，她便会抓住机会让他们考虑一下正反两方的证据。"我不会对患者说，'这个世界上根本没有恶魔信徒'，但我可能会说，'有人在公交车上推了你。就这件事情来说，我在想是否可能只是一个意外？'"

有的时候，仅仅是听患者讲述他们的妄想就能降低其确信感。在2015年的一篇论文中，纽约康尼岛医院（Coney Island Hospital）的精神病专家凯尔·阿诺德（Kyle Arnold）和朱莉娅·瓦赫鲁舍瓦（Julia Vakhrusheva）讲述了针对一名年轻女性的案例研究。她是在治疗了几个月后才发现自己患有妄想症的。在一次治疗中，她抱怨自己无法交到朋友。当治疗师问及何出此言时，她回答说："呃，有件事我没有告诉你。但如果我说出来，你大概会认为我疯了。"治疗师希望她继续说下去。"这都是因为大卡胡纳（the Big Kahuna）。"患者说。

"大卡胡纳？"治疗师不解。"是的，"患者解释道，"这是一个将我困住的电子游戏。我就是大卡胡纳，游戏的名字也是'大卡胡纳'。"她相信全世界的人都参与了这个游戏，目标是转走她银行账户中的钱。治疗师问道："你是如何判断别人正在转走你的钱的？""手机！"患者惊呼道，"每当我走过一群人身边，他们就会掏出手机，然后将我的钱转到他们自己的账户上。"治疗师让她对这些"信念"的确信程度做出评估。她的回答是99.9%。

对待妄想症，阿诺德和瓦赫鲁舍瓦与彼得斯博士的观点一致：虽然不建议正面对峙，但并不代表不去研究和试探。治疗师可以询问证据，并促使患者思考或许在某种程度上那些证据并不成立。他们认为，关键点就在于应该由患者自己来阐述反对其妄想的论点。这与米勒和罗尼克的观点一致。治疗师的作用是帮助患者思考他们自己的想法。这意味着，在某些情况下，他们根本都不需要说什么。当那位年轻女性说到自己生活在一个游戏中时，她的治疗师没有扬眉或摇头表示不相信，而是认真地倾听。在接下来的那次治疗中，她对此信念确信度的评估降到了80%。

当治疗师问她为什么确信度下降这么多时，她说："我以前并没有把'大卡胡纳'视为一种'信念'。而当你真的把它当作'信念'时，就意味着它可能并不是真实的，于是就让我必须有所思考。""那你是怎么看待它的呢？"治疗师问。患者回答："呃，我觉得很……奇怪。如果有人跟我说起'大卡胡纳'的事，我会认为他简直是疯了。"

同妄想症患者的交流方式也适用于否认疫苗作用的人。如果你直呼他们为妄想症或疯子，只会让他们更加强硬地坚持自己的观点。卡莉·利昂（Carli Leon）是两个孩子的母亲，也曾是一个坚定的反疫苗者。她在美国之音（Voice of America）上说："当别人嘲笑我，说我是坏妈妈的时候，只会让我变得更加偏执。"侮辱的言语会激起更强烈的反抗。

在当下，医生同其他有着一定权威性职务的人一样，面临着越来越多的分歧。患者自己在网上读了很多信息，并以此希望对任何决定有发言权。反疫苗思潮的传播就给医学界带来了极其严峻的挑战。在美国，反疫苗运动很普遍。公共卫生官员们已经学会了区分坚决的反对者和只是心有疑虑的父母（即内心是矛盾的）。对于后者，事实已证明最好的策略是正视他们的担忧，认真地倾听并赢得他们的信任，而不是直接驳斥他们反疫苗的观念。

曾经的一位疫苗反对者埃玛·瓦格纳（Emma Wagner），于2011年在佐治亚州萨凡纳市的一家医院生下了一个孩子。当病房里的儿科医生问到是否给孩子注射乙肝疫苗时，瓦格纳提出了质疑。儿科医生并没有脱口而出"你错了"，也没有试图说服她。相反，只是表示会支持她的决定。并说等过几年孩子入学的时候，再一起讨论免疫接种的事情。医生所表现出的尊重和关心打动了瓦格纳，让她开始反思自己从前是否错信了。从此以后，她成了一名坚定的疫苗接种支持者。

抵抗翻正反射需要抱有谦逊和自律。对于直接告诉别人"你错了"，即使理智上知道这样做会让事情变得更糟，情感上依然难以抑制这种冲动。哪怕是那些受过专业训练的治疗师们，也会觉得非常困难。阿诺德和瓦赫鲁舍瓦认为，当一个人听到别人公然说出有违自己认知的话时，心里会感到不愉快。治疗师也不例外，他们会觉得有必要进行反击，即使会不利于患者的治疗。

这一点与治疗师有效性研究中的一项有趣的发现相吻合：那些有过较多自我怀疑的治疗师，在工作中的表现更出色。2011 年，《英国临床心理学杂志》（*British Journal of Clinical Psychology*）的一项研究发现，独立专家们对自我评估较低的治疗师有着更高的业务评价。受这篇论文的启发，一项德国的研究比较了治疗师认为的进步与患者自己的感受。研究人员发现，治疗师认可的进步越小，患者的感受反而越好。奥斯陆大学临床心理学副教授海伦妮·尼森莱（Helene Nissen-Lie）也对这个问题进行了研究。她发现，自我怀疑程度较高的治疗师能取得更好的成效，因为他们更善于倾听。

当遇到有妄想症的人，或者只是观念上与自己有很大不同的人时，我们总想去治愈他。然而，这样的尝试只会让情况变得更糟。更好的方式是创造条件，让患者自愈。事实上，或许最好不把这种关系视为患者和医生，而是两个同样无知和困惑的人，相互协助以寻觅更好的答案。如此一来，他们更有可能以你的方式看待问题，而你也更有可能了解到一些信息。一个错误的信念往往都包含有一个真实的内核。当你放下对"正确"的渴望时，更有可能会发现它。不去试图控制对方的想法，你自己的思想也能得到解放。

# 原则3：在考虑自己"面子"的同时，给对方"面子"

当分歧处理转为一场地位之争时，就变了味道。善于提异议的人会努力让对手自我感觉良好。

1993年5月6日，15 000名白人男性在离南非约翰内斯堡不远的波切夫斯特鲁姆镇（Potchefstroom）发起游行。他们全副武装，身穿带有纳粹标志的棕色衬衫。这些人都是南非极右翼中各竞争派别的成员，都相信欧洲裔南非人（white Afrikaners，又称阿非利卡人）在基因上具有优越性。他们中的许多人曾是军人，参加过安哥拉战争。他们认为黑人正在恶意夺取掌管国家的权力，于是联合起来反对。

就在三年多以前，南非政府迫于国内国际的巨大压力，将入狱27年的纳尔逊·曼德拉（Nelson Mandela）释放，同时合法化他的政党——非洲人国民大会（African National Congress，ANC）。种族隔离制度使作为少数族裔的白人能够统治南非，并将多数族裔的黑人排斥在外。但这种制度即将消失。曼德拉与白人政府达成了权利共享协议，并正在计划进行民主选举。无论是黑人还是白人，每个人都可以投票。毫无疑问，这意味着ANC 将掌权，并由曼德拉担任总统。白人的"阿非利卡民族"将永远消失，除非通过武力去争夺。

"阿非利卡反抗运动"领导人，同时也是希特勒的崇拜者尤金·特雷布兰奇（Eugene Terreblanche）发表了一场激情演讲，将游行推向高潮。在仪式的压轴环节，特雷布兰奇从人群中邀请了一位满头银发的男人上台。台下立刻响起热烈的掌声。

他是康斯坦德·维尔约恩（Constand Viljoen）将军，一位功勋卓著的退伍军人，曾在与黑人对抗最激烈的那几年里担任南非国防军的指挥官。他一直是白人至上主义的坚定执行者，组织暗杀黑人领袖，并对有破坏性可能的黑人社区实施残酷的惩罚。现在，他被推举出来消灭曼德拉。对于白人民族主义者来说，曼德拉早就应该被绞死。维尔约恩是他们保留种族隔离制度的最后希望。在雷鸣般的欢呼声中，维尔约恩向人群承诺，将带领大家夺得只属于白人的乐土。"一场需要牺牲的血腥冲突不可避免，但我们心甘情愿，因为我们的追求是公正的。"

不难理解，曼德拉对波切夫斯特鲁姆镇所发生的事情甚为担忧。他收到消息，维尔约恩正在组织一支多达 10 万人的部队，其中很多人还是经过训练的战士。曼德拉本可以以叛国罪或煽动暴力罪逮捕维尔约恩，但他认为这将赋予维尔约恩烈士的形象，就像几十年前被逮捕的自己。同时他也不确定，南非军方是否将与他站在一起，对抗一位曾备受敬仰的将军。

不仅如此，曼德拉的目标不只是赢得权力。他的首要目标是让南非成为一个完全民主的国家，包容所有的种族和政治派别。因此，他决定走一条不同的道路。尽管当时看来并不清晰，而且很艰难。他邀请了维尔约恩一起喝茶。

1993 年 9 月，曼德拉通过秘密渠道与维尔约恩取得联系后，双方见了面。维尔约恩在另外三名前将军的陪同下，来到曼德拉位于约翰内斯堡郊区的家中。他敲了敲门，等着佣人来开门。令他惊讶的是，迎接他们的正是曼德拉本人。这位 ANC 掌舵者面带微笑与来访者握手，表示非常高兴能见到他们。曼德拉招呼着他们进门，并提出希望在正式会议开始之前，和维尔约恩先私下谈一谈。

两人来到起居室。曼德拉问维尔约恩是否喝茶，维尔约恩表示同意，于是曼德拉给他倒了一杯茶。接着又问他是否喝牛奶，维尔约恩再次同意，曼德拉倒了一杯牛奶。又问道是否需要加糖，再次得到肯定答复之后，他放了一些糖。

13 年后，维尔约恩向英国记者约翰·卡林（John Carlin）讲述了这次会面的每一个细节。年迈的维尔约恩显得拘谨而小心翼翼，却在讲述那段喝茶的故事时，罕见地让自己流露出了惊叹的表情。"我需要做的只是用勺子搅一搅。"

\*\*\*

假设你第一次见到面试你的雇主，或大学里的新导师，你希望在开始交谈时给对方留下什么印象？社会学家欧文·戈夫曼（Erving Goffman）把这种你希望呈现出来的印象称为一个人的"面子"，也就是你在社交中想要建立的公共形象。

我们努力在每一次的会面中给予对方适当的 "面子"。当你面对未来可能的老板和你的约会对象时，呈现出来的 "面子" 是不一样的。戈夫曼把这种努力称为 "面子功夫"。对于信任和熟悉的人，我们并不担心面子问题。而对于不认识的人，特别是对我们而言有一定权力优势的人，就需要去做 "面子功夫"。努力后仍然没有实现我们想要的 "面子"，就会感觉很糟糕。如果你希望自己呈现出一定的权威性，而有人却对你无视，你便会感到尴尬，甚至是被羞辱。

善于提不同意见的人不只考虑自己的面子，也会高度关注对方的面子。最有效的社交技巧之一就是给面子的能力，即确认对方希望投射的公共形象。这并不是无私地付出。在任何谈话中，当对方觉得自己想要的 "面子" 被接受和确认时，会更容易打交道，也更愿意听你说话。

纳尔逊·曼德拉是一个 "面子功夫" 的天才，尤其是在给人面子方面。他对维尔约恩的精心礼遇是战略性的，因为他知道自己和这位前将军之间的对话会非常困难。作为一个成熟的沟通者，他清楚必须先完成一些准备工作，而不是直接进入对话。

\*\*\*

1972 年，在联邦德国举行的奥运会上，一群巴勒斯坦恐怖分子抓走了 11 名以色列运动员，后向当局提出交换要求，却遭到拒绝。慕尼黑警察动用了火力。最终的结果是 22 人被杀，包括所有的人质。在这次后来被称为 "慕尼黑惨案" 的事件发生后，世界各地的执法机构开始意识到一个紧急的问题：前去与挟持者沟通以避免或减少暴力的人员，并没有任何的章程可循。他们需要学习谈判技巧。如今，人质谈判专家已非常普及。

他们可以是专门的人员，也可以是担任其他职务但受过专业谈判训练的警察。最好的谈判者不仅精通战术，更深谙巧妙地给对方面子的艺术。

在"工具性"危机中，互动的过程往往带有相对理性的特征。人质挟持者提出明确的要求，然后进行交易谈判；在"表达性"危机中，挟持者则是想对家人，或者外界说些什么。他们通常会表现出冲动的行为，如一个父亲失去监护权后绑架女儿，一个男人将女友捆绑起来并威胁要杀死她。还有更常见的是，将自己作为人质的情况，如一个人爬到楼顶威胁要跳下去。在"表达性"场景中，挟持者通常处于情绪崩溃的边缘——愤怒、绝望、极度的不安全感，有着不可预测的行为模式。

受过专业训练的谈判者会在进入谈判之前先平复和安抚挟持者。密歇根大学沟通学教授威廉·多诺霍（William Donohue），花了几十年的时间研究冲突对话，其中涉及恐怖分子、索马里海盗和濒临自杀的人等。有成功的案例，也有失败的。他跟我谈到了人的"面子"中一个关键组成部分：自我感知到的力量感。在"表达性"场景中，挟持者希望自己的重要性以某种方式得到认可，自己的地位得到承认。

多诺霍和他的合作伙伴——英国兰卡斯特大学（Lancaster University）的保罗·泰勒（Paul Taylor）创造了一个术语："下位"，用来描述在任何类型的谈判中，对自己的相对地位更缺乏安全感的一方。"下位"更有可能采取攻击性和竞争性的行为，而不去寻找共同点或提出解决方案。1974年，就美国在西班牙领土上的某些军事基地的问题，两国展开了谈判。政治学家丹尼尔·德鲁克曼（Daniel Druckman）研究了美国和西班牙双方的谈判者采取"硬策略"或"软策略"的时机。他发现，西班牙的团队使用威胁和指责的频率是美国的三倍。作为"下位"，他们非常激进地主张其自主权。

当一个人质挟持者感到自己被控制时，更有可能诉诸暴力。"这种情况下就无法与他沟通，"多诺霍告诉我，"而实际上，他想表达的是'你没有表现出对我的尊重，所以我必须通过实际地控制你来获得尊重'。"人们会不惜一切代价甚至是用自毁的行为，来表现自己不会被他人所左右。劣势的一方经常玩弄手段，以出其不意、难以抵抗的方式攻击对手。他们不是在寻找可能对所有人都有利的解决方案，而是把每一次的谈判都当作零和游戏。其中必有一方获胜，而另一方也必须输。他们不在乎谈判的内容，只是攻击对方以维护自己的地位。

相反，有的人是带着必胜的信心进入谈判的，因为他们是占上风的一方，或至少他们是如此认为的。因此，这一方可能会采取更轻松、坦荡的方式，专注于分歧的内容实质，寻找双赢的解决方案。他们还可能不那么在乎面子，如做出示弱的举动，谈吐更为友好和缓和等。由于不怕丢"面子"，他们会抛出自己的橄榄枝。

这就是为什么给人面子如此重要。谈判中的人让对方获得安全感，自身也能从中获利。熟练的谈判者总会努力去创造自己理想的对手。他们清楚如果自己处于"上位"，更明智的做法是去缩小差距。曼德拉提供茶水服务是吸引维尔约恩的一种方式，更是一种降低自己地位的方法，以让对方不会觉得身处"下位"。

多诺霍研究了 20 起加州有关夫妻监护权和探视权纠纷案的笔录。他发现，丈夫会使用更多的攻击性策略，而妻子则专注于事实情况。丈夫更有可能提及夫妻之间的问题，抱怨不考虑他的权利，质疑配偶的可信度。

这些策略容易加重谈话的火药味，固化双方立场，将争执变为纯粹的权力斗争，使协议的达成异常困难或根本不可能。为什么丈夫会有这样的行为？因为他们感觉自己处于"下位"：法院倾向于将监护权判给妻子。

这与我们对婚姻纠纷的刻板印象正好相反。我们往往认为女性比男性更情绪化。这种反差的认识可以带来启发性的意义。当然，刻板印象中有一些也是真实存在的，比如前文提到的艾伦·西拉斯的发现：女性往往更关注婚姻中谈话的关系，而男性更关注内容。但同时也提到了，这是出于自身动机。所以当男性想要表现出情绪化一面的时候，他们同样可以。由此可见，谁表现得更为情绪化与性别并无直接关系，更多取决于在这场较量中谁是处于弱势的一方。

在任何双方权力不对等的对话中，占上风的一方更有可能关注重点，即需要解决的事情或问题。而处于下风的一方则更专注于关系。以下是几个例子：

审讯者："把你知道的都告诉我们，否则你会有大麻烦。"嫌疑人："你在试图控制我。"

父母："你为什么这么晚才回家？"青春期的女儿："你把我当成一个小孩子。"

医生："我们找不到你身上出了什么问题。"患者："你对我毫不在乎。"

客服："我们没有把包裹为你送达的原因是……"客户："你就不能真诚地道个歉吗？"

政客："经济增长比以往任何时候都更强劲。"选民："别把我当傻子。"（政客判断失误的一点是他们低估了选民对自己身处"下位"的感觉的强烈程度。他们沉浸在辩论的内容中，而忽略了背后的关系。）

当一场辩论变得偏离轨道，氛围不稳定时，往往是因为其中一方觉得自己未获得应有的"面子"。这在一定程度上解释了人们在社交媒体上脾气普遍地暴躁的现象。大家仿佛在进行一场地位的较量，而其评判标准是获得的关注度。理论上来说，在 Twitter、Facebook 或 Instagram 上，任何人都可以获得点赞、转发或新的关注者。但除去极少数特殊案例外，非名人实际上很难建立起关注网。用户带着对高关注的憧憬进入，当发现自己并不能得到这种地位时便会感到愤怒。2016 年，南加州大学的研究人员开始对这一现象进行量化。他们在 Twitter 平台上随机抽取了约 6 000 名用户，并监测其一个月内的活动。而后统计到，排名前 20% 的 Twitter 用户占有 96% 的关注者、93% 的转发和 93% 的提及。他们发现了"富人变得更富，穷人变得更穷"的效应。已经拥有大量关注者的用户更有可能获得新的关注者；而关注度低的用户则很难获得新的关注者。

社交媒体看似给了每个人平等的被听到的机会，但实际却在推动极少数人获得大量的关注，而绝大部分人是不会被注意到的。这是一个有垄断存在的系统。

以上我们谈论的是"面子功夫"其中的一个方面——地位。还有另一个与之密切相关但又截然不同的组成部分——不关乎感知到的地位高低，而是感知自己的身份。

\*\*\*

曼德拉把一杯精心准备的茶端给康斯坦德·维尔约恩后，开始转换话题。他指出，如果双方开战，维尔约恩的部队不可能打败政府军，但会带来巨大的破坏性。双方都会损失惨重，没有确定的赢家。而若达成一个协议，则符合双方的利益。维尔约恩没有反对。

随后曼德拉说的话再一次让维尔约恩感到惊讶。他表示自己尊重阿非利卡人。要知道，正是这些人给他扣上了恐怖分子和叛徒的罪名，并将他囚禁几十年，毁掉了他的家庭生活，也一直压迫他的黑人同胞。曼德拉说，虽然阿非利卡人给他和他的人民造成了巨大伤害，但他仍然相信他们的人性。"如果农场某个黑人劳工的孩子生病了，他们会开着自己的卡车将孩子送到医院，并关注后续情况，还会把父母送到孩子身边。"

我们并不能完全确定曼德拉对阿非利卡人的态度真如他所说，但维尔约恩显然没有质疑他的诚意。曼德拉直截了当地讲述了他们对他造成的伤害，使维尔约恩更加相信他所说的话的真实性。另一个令其信服的细节是，无论是前面私下的会谈还是后来正式的会面，曼德拉都说的是阿非利卡语，而非英语。

长期处于权力关系中弱势一方的人，往往会变得善于观察他人。他们会权衡对话中双方的关系层级，以将这种心理洞察转化为影响力。如果说曼德拉有着特殊的阅人能力，原因之一便是他花了很长时间来思考一个问题——当人身处无权的位置时，如何获得想要的东西。在监狱里，他将白人看守变成了自己的盟友，有些还是亲密的朋友，从而让囚禁的生活里勉强有了一丝自由。方法之一便是让他们看到他尊重他们自视为阿非利卡人。

曼德拉在狱中为自己设定的首要任务之一，是学习囚禁他的人所使用的语言。一些同样遭遇政治迫害的同伴们为此对他很不满。因为在他们看来，这像是在向敌人屈服。但曼德拉认为，这是在拉拢压迫者，是着眼于未来的考虑。他还研究了阿非利卡人的历史，包括那些战争英雄的事迹，也阅读了阿非利卡语（南非荷兰语）的小说和诗歌。这并不是在玩任何的把戏。曼德拉真诚地认为，阿非利卡人也是南非人，与自己同属于这一片土地。他还相信，终有一天他们会被说服，赞同他的观点。

在曼德拉被囚禁的早期，他就已经坚信南非黑人不能通过斗争来获得自由，而只能通过对话来实现民主。这意味着他们需要与南非的白人统治者对话。为了能对话成功，曼德拉意识到他必须让对方不对他报以恐惧或仇恨。他必须先打造自己理想的对手，即不让对方感到自己的身份受到任何威胁。

在第一次会面后的几个月里，曼德拉试图说服维尔约恩和他的盟友放弃武力，参与到民主进程中。他其中的一个表态，对最终的成功劝说起到了很大的作用。当时南非的国歌是一首阿非利卡人的征服之歌。而现在种族隔离制度正在瓦解，大多数 ANC 领导人都希望用他们自己的解放之歌来取代它。但曼德拉并不赞同。他说，若在阿非利卡人如此引以为傲的象征上踩上一脚，将是一个严重的错误。

曼德拉提出了一个略显笨拙但可行的解决方案：两首国歌将在正式场合相继唱起。这真的是一个政治让步吗？不，这只是一种姿态，一种强有力的姿态，也是另一种曼德拉向维尔约恩承诺的方式：你永远不必放弃自己的身份。

\*\*\*

圣地亚哥州立大学人类学教授埃莉莎·索博（Elisa Sobo）曾采访过那些抵制疫苗接种的父母。他们中的许多人都很聪明且接受过高等教育，但为什么会无视医学界主流的、基于充分科学研究的建议呢？索博的结论是：对他们而言，反对疫苗不仅是一种信念，更是一种"身份认同行为"。也就是说，他们倾向于把这种行为视作加入了某个群体，而不是放弃了某种治疗。类似的行为，还有文上一个帮派的文身，戴上一枚结婚戒指，或者狂刷一部流行的电视剧等。索博说，这些人的拒绝行为"更多的是关乎我是谁以及我认同谁，而不是我与谁不同，我要反对谁"。索博还指出，选择去接种疫苗的人亦是如此：他们希望与医学界的主流观点保持一致，同样也是表明我是谁的一种方式。这就是为什么双方的争论很快就变成了身份的冲突。

威廉·多诺霍对此课题研究了几十年。他告诉我，将谈话的参与者拽入破坏性冲突的通常都是关于身份的争斗。"我在人质挟持现场、政治领域，以及婚姻争论中都看到这种情况的体现。'你什么都不知道''你有问题''你太冷漠了'。一方觉得另一方在对他们进行人身攻击，所以他们会为自己辩护或反击。冲突就升级了。"

前面讲到，如果我们的想法与自我感知交织在一起，并不一定是坏事。但若我们试图让别人做一件他们不愿意的事情，那就需要有所警觉，比如劝人戒烟、让人转换新的工作方式，或为你中意的候选人投票。我们的目标应该是把有争议的意见或行动从对方的自我感知中剥离出来，即尽量少地引发身份认同问题。有经验的异议者会想方设法让对方觉得，在做出改变的同时仍能保持自我。

其中一个实现的方法是保证在分歧发生时，没有观众在一旁。1994年波士顿某人流诊所枪击案发生后，慈善家劳拉·蔡辛（Laura Chasin）联系了六位女性堕胎权方面的活动家（三位支持，三位反对），并让她们私下会面，看能否达成一些谅解。对于那六位女士而言，这很困难甚至很痛苦，但在几年的时间里还是进行了多次秘密会面。起初，她们发现自己的立场越来越坚定，基本观点毫无改变。但随着时间的推移，她们更加相互了解，感到自己能够以更自由、更简单的方式进行思考、交流和谈判。提醒一点，前文提到的曼德拉和维尔约恩的第一次会面，就是从私下的单独会谈开始的。在盟友面前，我们往往觉得必须要保持整体的颜面，而当这种顾虑减少时，态度会变得更灵活。

这一原则也适用于职场中的冲突。在同事面前，人们更多地把注意力集中在别人怎么看自己，而不是思考如何正确解决问题。如果我认为须表现得有能力，那在面对别人对我工作的质疑时，可能会有愤怒情绪；如果我认为自己须表现得很友善、易于合作，那即使当我对某项提议有强烈的反对意见，也可能会避免使用强烈措辞以免让人注意到。这就是为什么当职场中的谈话遇到障碍时，参与者经常提议私下再议。这句话在过去只是代表就某个问题之后再进行当面讨论，但现在又多了一层微妙的含义——"之后找一个自己不会丢面子的地方，再继续这场艰难的对话"。

分歧"私下再议"也许可行，但只能被视作第二选择。因为这意味着该问题之后只能被较少的人审视，失去了公开分歧的优势。要减少身份顾虑，最好的方法是创造这样一种职场文化：员工不会强烈感到自己需要维护面子；鼓励各抒己见、允许犯错、明确行为准则；每个人都相信所有人共同致力于相同的目标。在这个基础之上，就可以真正实现公开分歧。

但无论如何，在大多数分歧发生时，面子问题的解决依然很重要。离开观众视线是减少身份顾虑的一种方式，还有一种方式是给对方面子，也就是去肯定对方心里理想的自我认知，正如曼德拉对维尔约恩的举动。当你明确表示认可我希望呈现出的自我形象时，我更有可能去重新考虑自己的立场。通过展现个人的亲和力，反而可以将分歧从个人情感中剥离出来。

它可以很简单，哪怕只是在对方感到很脆弱的时候给予一些肯定。前文提到的 Polis 公司的联合创始人乔纳森·温德，曾写过一本关于警务的书。他在书中指出，被逮捕对嫌疑人来说很可能是一个蒙羞的时刻。当警察进行逮捕行动时，应尽量使被逮捕者的自身感受能好一点。他给出了一个例子，有关他逮捕一个涉嫌暴力袭击的嫌疑人卡尔文：

> 我和另一名警官分别抓住卡尔文的一只胳膊，并告诉他他被逮捕了。卡尔文开始挣扎，显然是要准备开战。鉴于他的魁梧身材和暴力史，打斗起来必有人员受伤，因此我们会尽力避免。我对他说："嘿，你这么魁梧，我们可打不过你。"

温德写道："警察可以通过肯定他的尊严来缓和潜在的战斗，特别是在公共场合。"我们可以看出，让被逮捕者感觉良好或至少不那么糟糕对警察是有益的，正如肯定维尔约恩的尊严对曼德拉而言是有利的。这是常识，或者说应该成为常识。然而令人惊讶的是，人们太常犯"占上风者错误"：取得主导地位后，粗暴地将自己的优势强加于人，伤害另一方的自尊。这种做法可能会让你获得一些短暂的满足，但也同时创造了你并不希望有的对手。

受到攻击的人是危险的。我还记得在孟菲斯 Polis 培训课堂上，培训师迈克·奥尼尔提到他之前当警察时，曾看到有警察将嫌疑人铐住后殴打，有时甚至是当着亲友的面。他说，这不仅是错误的，更是愚蠢的。在逮捕中羞辱人的行为"可能害死你的同事"。听到这里，大家纷纷表示赞同。被羞辱过的嫌疑人不会忘记这一耻辱，通常会寻找方法来报复。可能针对某个警察，也可能是任何警察；可能在当下，也可能在多年以后。这是研究历史的学生所熟悉的一种模式。羞辱行为会伤害到羞辱者本身和与之相关的人。政治学家威廉·扎特曼（William Zartman）和约翰尼斯·奥里克（Johannes Aurik）对 10 次国际外交危机进行了研究。他们描述了当强国对弱国施加权力时，弱国是如何在短期内妥协，而后伺机报复的。

让我们来想象一下，曼德拉以当今人们在公共场合争吵的方式来与维尔约恩对话的场景。首先，他将攻击对方的身份：在尽可能多的人面前，宣称维尔约恩是一个双手沾满鲜血的白人至上主义者；然后，以咄咄逼人的语气向这位前将军解释，为什么他们需要解除武装并接受自己的条件——因为这是道德上正确且实际可行的唯一选择。曼德拉这样做是完全合理的，各方面看起来也都很正确。但你认为维尔约恩会是什么反应？

美国政治家亚历山德里娅·奥卡西奥－科尔特斯（Alexandria Ocasio-Cortez）曾描述过如何与你强烈反对的人进行对话。你不必赞同她的政治观点，但会同意这是一个好的建议：

> 我有一位导师。他给我的最好的建议之一是"永远给人以退路"。在谈话中给人足够的余地、足够的同理心、足够的机会，让他们可以很体面地做出改变。这一点很重要。比如当你只简单说一句"哦，听听你说的话，你就是一个种族主义者"，那就是在强迫对方说出"不，

我不是"。他们没有其他退路。唯一的选择就是直接冲破对方的阵线。

当我们与人争论时，应该思考如何让对方在改变想法的同时也保持或更多维护他们的颜面。这在争论发生的过程中往往很难做到，因为这个时候个人的观点和面子比其他时候结合得更紧密［参照作家雷切尔·卡斯克（Rachel Cusk）将争论定义为"急需自我认可的紧急状况"］。然而，若我们明确表示已经听到并尊重对方的观点，就会像之前提到的疫苗的例子一样，他们可能会在以后的某个时刻回心转意。如果真的发生转变，我们应避免斥责他们一直以来的反对立场。然而在两极分化的辩论中，人们却经常犯这样的错误，让改变立场变得更为艰难。我们应该意识到，对方其实已经取得了我们自己尚未取得的进步——思想的改变。

＊＊＊

在与曼德拉第一次一起喝茶六个月后，维尔约恩做出了他一生中最艰难的决定：命令他的追随者放下武器。此后不久，他宣布，自己不仅不会破坏即将到来的民主选举，还会亲自参与。维尔约恩并未被要求做出任何的政治让步。作为回报，他对这一政治进程给予了肯定。然而就在 10 个月前，他还曾发誓要与之斗争到底。曼德拉把他最可怕的敌人变成了和平提出异议的对手。

曼德拉在面对一位危险但又需极力争取的敌人时所表现出的精明与技巧，不得不让人佩服（精明的表现之一是看到了需要争取这位敌人）。他的对手也同样值得称赞。维尔约恩做了深刻而痛苦的心态上的改变。他放弃了原有的立场，从而去接受南非黑人可以成为同胞，曼德拉可以成为他的领袖。然后，他还不得不冒着巨大的丢"面子"的风险，向自己的一方推广这一主张。曼德拉所做的正是帮助维尔约恩认识到，他不必放弃自己的身份。他可以成为这个国家的一部分，同时仍然骄傲地做自己——一位阿非利卡人，一位退伍军人，一位南非公民。

1994 年 5 月，纳尔逊·曼德拉就任总统。新的议会开始运作，并体现了南非的种族多样性：有 2/3 的新代表是黑人。维尔约恩所在的政党在选举中获得了 9 个席位，他本人也赢得一席。记者约翰·卡林参加了开启仪式。他看着曼德拉走进这个从前全是白人且绝大多数为男性的会议厅。而现在，它却体现着南非的多样性。卡林还特别注意到一个细节，维尔约恩一直将目光放在曼德拉身上，且神情专注。

12 年后，卡林跟维尔约恩回忆起这个场景，并提到当时在他脸上看到了深切的尊重之情，甚至是着迷。维尔约恩不爱多愁善感，只是简短地回答说："是的，是这样。"然后他回忆起另一个场景。"曼德拉走进来，看到了我，然后走到我面前。按照议会的礼仪，他其实不应该这样做。他脸上带着灿烂的笑容，一边和我握手，一边说他看到我在这里有多么高兴。这时从旁听席上传来一声'拥抱一下他，将军'。""那你拥抱了吗？"卡林问。"我是个军人，他是我的总统，"维尔约恩说，"我和他握了握手，然后立正。"

# 原则 4：不要忽略分歧背后的文化盲点

> 许多分歧的背后是彼此感到的文化上的冲突。不要不假思索
> 地以为你的文化才是正常的。

施奈德（Schneider）：我从小就跟你一样，爱抬头看星星，想知道为什么世界是现在的样子。我们要去哪里，怎么去？这广阔的宇宙存在的意义是什么？

FBI：嗯。

施奈德：为什么地球是一个墓地。所有的东西都埋葬在这里，植物、人、动物，六千年的悲哀和人类的历史。我们得到了一些快乐，但永远不会满足。总有意外发生，朋友、亲人可以从你的生活中被带走。上帝啊，这是怎么回事？

FBI：嗯。

施奈德：上帝，你到底是谁？我其实从来没有真的宣称自己了解上帝。在我生命中的大部分时间里，我都努力遵循基督教的各种

惯例。说实话，我从来没有真正了解过上帝，虽然我一直希望自己可以。

FBI: 嗯，嗯。

施奈德: 我看到关于一本书的介绍。内容很有逻辑性，而且展开了非常深刻的科学、物理学和天文学的讨论。这些东西现在已经没有多少人能够听到了……

FBI: 我刚刚收到一张纸条，上面说大卫刚录完了一个电台采访。他的伤势怎么样了？

1993 年 2 月 28 日，一个星期天的上午，约 80 名武装执法人员来到得克萨斯州韦科市附近，一个被称为卡梅尔山的群楼地带。这些特工从属于烟酒枪支及爆炸物管理局（Bureau of Alcohol,Tobacco and Firearms，ATF），专门负责调查涉及非法枪支的犯罪。他们手持逮捕令，前来逮捕居住在此的"大卫教派"（Branch Davidians）的领袖弗农·韦恩·豪厄尔（Vernon Wayne Howell），也被称为大卫·考雷什（David Koresh）。特工们有理由相信，该教派已经聚敛了大量的非法武器。

ATF 被告知考雷什从来不离开他的居住地，于是决定采用突袭的方式去逮捕他。大卫教派的人得知这一消息，做好了充分的防御准备。双方发生激烈的枪战，六名卡梅尔山居民和四名 ATF 特工不幸身亡。考雷什负伤，但活了下来。之后当地的一位警督拉里·林奇（Larry Lynch）与教派进行谈判，暂停交火。

第二天，联邦调查局（FBI）接手。他们包围了卡梅尔山，并要求教徒和平投降，接受法律制裁。在遭到拒绝后，便开始了一场封锁式的围攻。FBI 组建起可能是美国本土有史以来最大规模的针对平民的军事力量。现场停着 10 辆布雷德利（Bradleys）装甲车。除美国军方和当地执法人员外，还有 899 名政府官员也聚集在此。同时，FBI 策略小组还采取了很多干扰措施，如切断教会电话线和供电等。到了晚上，他们用明亮的灯光照亮整个场地，并用大功率扬声器播放音乐。

一个谈判专家小组的成员专程从全国各地赶来。他们所受的训练是专门应对这种围困的情况。谈判小组在附近一个停机库里设下临时办公区，那里有着唯一一条可以接通卡梅尔山的电话线。与大卫教派领导层人员的谈话持续了 51 天。谈话记录后来被全文公开，呈现出一场尤为艰难的谈判过程。阅读这些记录，你看到的是几乎没有任何交流的两方在各自讲述，并且持续了很长的时间。上文引用的对话，是大卫·考雷什最亲密的朋友和助手史蒂夫·施奈德与一位匿名 FBI 谈判专家之间的交谈。当施奈德反思生命的意义时，那位谈判专家似乎并不感兴趣，只有当他认为内容有关谈话目的时才会有回应。

FBI 的谈判人员在大多数情况下都是很专业和周密的，并且会遵循标准的程序：尽量对大卫教徒表示尊重，提供合理的选择，培养融洽的关系。他们甚至听取了心理学家关于如何与不同性格的人相处的建议。总之，他们按照理论做了所有的尝试，但事实证明，还缺少一个关键点。

\*\*\*

语言学家理查德·刘易斯（Richard Lewis）是最早理解到文化差异对谈判影响重大的学者之一。当来自不同国家的人聚在一起，讨论商业交易或政治协议时，使用一种共同的语言并不能保证理解对方。跨文化谈判之所以会变得局面混乱，陷入个人争吵，并不是因为双方在实质问题上有分歧，而是大家在各自进行着不同的对话。刘易斯说，在你与意大利人谈判之前，应该先了解一下意大利人认为的谈判是什么。他对不同种族的谈判方式做了图解，如图 8-1 至图 8-4 所示。

美国人

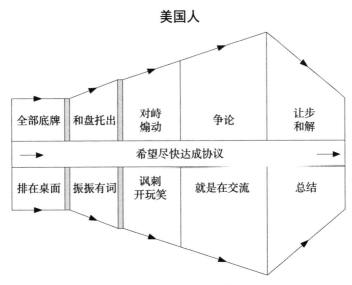

**图 8-1　美国人的谈判方式**

英国人

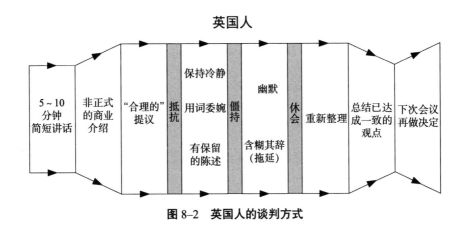

**图 8-2　英国人的谈判方式**

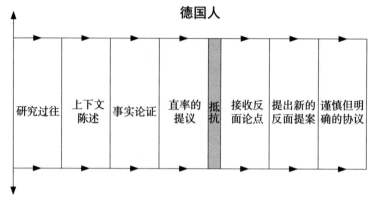

**图 8-3　德国人的谈判方式**

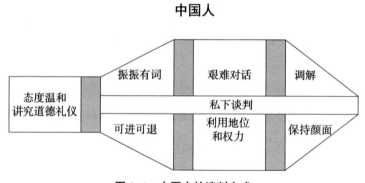

**图 8-4　中国人的谈判方式**

　　刘易斯的模型不是基于定量的实证研究，而是融入了自己的观察及其语言方面的专业知识。但其基本见解是很重要的：如果不花时间去了解对方文化上的世界观，就很可能误解对方的语义及动机。如果一个美国人不理解为什么与他交谈的这个德国人不愿跟自己闲聊几句，那他就会认为对方是傲慢无礼的，就跟那个说话含糊、轻浮的英国人一样讨厌。中国人把美国人急于把事情办成的态度误解为侵略性。英国人低估了德国人对正当程序的需求，而认为他们是在刁难。每个人都小看了法国人爱争论的程度。

文化塑造了人们的行为方式和话语。这就是为什么在不了解对方的情况下（无论是文化层面还是个人层面），直接进入艰难对话是自讨苦吃。被派往韦科市的 FBI 特工有着丰富的与美国人谈判的经验，但他们从未想过需要花时间去了解这些本国同胞们的文化观。然而，文化的差异不是仅存在于不同国家之间。

***

约瑟夫·亨里奇（Joseph Henrich）在加州大学洛杉矶分校攻读人类学硕士学位期间去了秘鲁丛林，对亚马孙盆地土著居民马奇根加人（Machiguenga）进行实地考察。亨里奇采用了一个西方经济学家经常使用的行为实验，来测试人们对公平的本能反应。他预计，即使在这样一个与世隔绝的文化里，人们也会以与西方人大致相同的方式玩游戏，因为社会科学家都普遍假设人类拥有相同的心理机制。该实验是一个讨价还价的游戏，参与的双方须将一定数量的钱以各自都满意的比例进行分配。当美国学生玩这个游戏时，公平本能会让他们拒绝接受较低份额，即使这意味着双方都会一无所获。但事实证明，马奇根加人认为这很荒谬。为什么会有人拒绝免费的钱？

亨里奇开始怀疑，经济学家和心理学家所做的普遍主义假设是否有很大的误导性。他又对另外 14 个孤立的小社会做了研究，从坦桑尼亚到印度尼西亚。结果发现，他们玩这个游戏的方式与北美和欧洲人都不同。亨里奇和他的研究合作者进一步揭示，从空间感知到道德推理，心理学中的一系列既定结论并不适用于西方工业化国家文化背景以外的人。这项研

究最终在 2010 年发表，论文题为"世界上最奇怪的人？"（The Weirdest
People in the World？）。这里的"奇怪"，是指向占世界人口 15%，受过
教育，生活富足，有工业化背景，有民主思想的西方人。亨里奇想表达的
是，西方人的思维模式不仅与世界其他地方不同，而且是非常有趣而怪异
的。如果真有什么异域部落的话，那也是我们这些西方人，而不是像马奇
根加人这样的。科学家们如果不能理解这一点，就根本不能声称自己是了
解人类的。

　　具有"奇怪"思维模式的人更有可能"惩罚"那些试图压低价格来欺
骗他们的人。因为他们所在的社会里，经常会有陌生人之间的交易。而马
奇根加人所在的社会，人与人之间联系紧密。他们会把这个出价视为伴有
义务的礼物。例如，在亨里奇的实验中，马奇根加人更有可能会拒绝一个
慷慨的出价，而接受一个适度的钱数。礼物价值越高，伴随的义务就越繁
重。"奇怪"的人往往更善于分析，把情况分类，再抽象归纳。那些更具
整体性思维方式的人（比如东亚人），会更多依靠直觉来理清形势，并将
注意力放在事物之间及人与人之间的关系上。例如，实验中呈现了一张有
围巾、手套和手的图片，并让参与者从中选出关系最为密切的两个。西方
人往往会选择围巾和手套，因为它们都是冬天的衣物；而东亚人则更可能
选择手和手套，因为它们关系更近。

　　受亨里奇研究的启发，文化心理学家托马斯·托尔汉姆（Thomas
Talhelm）对美国的保守派和自由派群体进行了类似的实验。他发现，自
由派和保守派的思维方式就像是来自完全不同的文化，"几乎和东西方不
同的程度一样"。自由派比保守派更"奇怪"，也就是更善于分析，更善用
抽象的方式思考。由此可见，两派有如此多功能失调性的分歧也就不足为

奇了：他们以根本不同的方式感知着现实。

尽管双方都认为自己的世界观是正常的，但相互误解的程度是不对称的。政治心理学家乔纳森·海特（Jonathan Haidt）也在美国进行了一项相关的研究。他向自由派和保守派提出了同一组有关道德和政治的问题，然后要求两派以对方的角度来作答。保守派在预测对方答案方面的表现明显优于自由派。

"保守派对自由派的理解比自由派对保守派的理解更好。"海特总结道。

*** 

事实上，跨出自己的文化圈并看到它在别人眼里有多么奇怪，或者进入别人的文化圈并了解到它在别人看来是多么正常，都是非常困难的。

文化之于人类就像水之于鱼一样——看不见它，因为生在其中。当我们与自己的同类对话时，它几乎不会出现，因为正好涵盖了所有我们不需要说出来的内容。它不像是一种看待世界的特定方式，而像现实存在。"世界当然是这样的。""那本来就是这样的。"但实际上，我们都只能看到局部。特别是对我们这些以客观和善于分析自居的人来说，视野更可能受局限，因为我们倾向于认为自己感知世界的方式是唯一有效可行的。

文化的差异不仅仅存在于东西方之间，或英国与法国之间。不仅一个国家有其独特的文化，一个城镇、工作场所、家庭和一段长期的关系也有它独特的文化。这就是"永远不要评判他人的婚姻"这句谚语如此明智的原因，因为我们并不了解其中的文化。事实上，两个人即使是在同样的地方长大、去类似的学校上学、看同样的电视节目，仍然会有不同的癖好、习惯和风俗。一个个体就是一种微观文化；我们中的每个人都有一点古怪。那么，理解分歧的方式之一就是将它视为一种文化冲突。

通常只有当遇到一个以不同方式来看待世界的人时，我们才能觉察到一点自己身处的"水"环境。这样的相遇会使我们切换到受威胁状态，进而去否定或妖魔化对方。这也使我们无法真正听到对方所说的内容。为了在分歧中较少出现这种反应，试着把自己想象成一个来自遥远国度、有着极为独特文化的游客。你需要努力理解东道主的文化，也需要反思自己的文化。什么经历塑造了你的观点？你的盲点可能是什么？你从先祖那里继承了哪些信仰和思维习惯？做一个研究你自己的人类学家。

# 原则5：打开好奇心，在争论中放弃输赢

> 急于做出判断会让我们停止倾听和学习。试着不在争论中追求获胜，而去寻找趣味，同时也让自己变得更有趣。

耶鲁大学法学教授丹尼尔·卡亨（Daniel Kahan）研究了政治观点如何使人变得愚笨的课题。具体来说，他调查了人们如何无意识地扭曲新信息，使之符合自己已有的信念，如有关疫苗接种和气候变化等争议性话题。我们对政治文化常有的抱怨是，未提供给选民足够的事实依据。而卡亨的研究表明，即使提供更多，也并不一定有帮助。

他其中的一项研究，要求参与者解决一个数学问题。参与者需要基于一组临床试验数据（虚构的），进行一系列的计算，以推断出某种新的护肤霜对皮疹是起到改善作用还是会使情况恶化。大多数参与者的答案是正确的。接下来，他们被要求用之前完全相同的统计数据来分析一个有关枪支法的问题。这在美国是一个两极高度分化的话题。一些参与者得到的数据表明，枪支犯罪在法律修改后呈上升趋势，而另一些则表明会下降。这

一次统计分析得出答案的准确度，取决于他们的政治主张。面对自己不喜欢的结果，拥枪派的数学水平似乎突然变差，禁枪派同样如此。

卡亨指出，这一结果并非不可理解。如果一个人读到某种护肤霜有潜在危害，或赋税有什么变化，那么接收新信息而不是停留在已知水平就是有意义的。否则，就显然是和自己过不去。然而，大多数人并不会因为正确认识了气候变化等问题，而得到什么实际的好处。可是他们的确能够通过表达与他人同样的信念，得到直接的好处——归属感。我们更关心的是人，而不是正确与否。改变自己信念的风险是，你将失去之前与你有共同信念的同伴。

假设你正在和一个朋友讨论夜空。他提到火星是离地球最近的一颗行星。如果你去纠正他（实际是金星），他大概会接受自己错了。他或许会感到一点尴尬，但谈话可以继续下去。现在想象一下这个对话发生在 17世纪。你的朋友说了一些关于太阳绕着地球转的话题，而你去纠正他，指出根据伽利略的发现，应该是反过来的。你的朋友很可能会大怒，否认你提出的所有证据，并谴责你是一名邪恶的异教徒。那是因为在当时，天文学不仅仅是关乎天文，还与人对待社会秩序、精神秩序的深刻信念相绑定。告诉你的朋友是地球绕着太阳转，不仅仅是在纠正他对物理宇宙的概念错误，还是在威胁他在社会宇宙中的地位，从而威胁到他的自我认知。这也是为什么当信息与我们个人卷入的领域相关时，我们会选择接收那些支持自己身份认同的部分，而忽略掉不支持的。

卡亨将这种现象命名为"身份保护性认知"。你可能会认为这只适用于低智商或低学历的人，但卡亨发现，高智商和高学历的人更有可能歪曲和塑造现实以适应自己的世界观。聪明的人更善于找到支持其信念的理由，即使这些信念是错误的。他们会对别人及自己提出更多的有力论据，也更善于利用推理来消解矛盾的信息。在有关地球是平的或气象科学谎言的在线论坛上，你可以发现人们会利用相当具有科学性的知识来得出完全错误的结论。

对于那些希望在政治分歧中能有所成效的人来说，这不是一个好征兆。更多的事实、更好的推理都不会有所帮助。那么，什么能有所帮助呢？卡亨偶然发现了这个问题的答案。当时有一个纪录片制作团队向他咨询，如何让观众对科学主题感兴趣。该小组让卡亨教授帮忙在公众当中识别出具有高度科学好奇心的人。卡亨和他的研究小组发明了一个调研工具——"科学好奇心量表"（Science Curiosity Scale，SCS）。它由一系列的问题组成，旨在预测一个人被一部科学纪录片吸引的可能性。问题包括受访者有多大可能阅读科学类书籍，并让他们在几篇不同深度的科学文章中进行选择。

数千人参与了卡亨团队的调查问卷。结果显示，具有高度科学好奇心的人在人群中分布是均等的：男性和女性、下层阶级和上层阶级、右倾和左倾。此外，他们还发现了一些完全出乎意料的结果。卡亨出于好奇，在问卷中放入了一些关于政治两极化的问题。他从结果中发现，一个人的科学好奇心水平越高，表现出的党派偏见就越少。

这个结论有悖于卡亨的直觉。在此之前，他已证实知识丰富的人更可能成为党派内的思想家。但在那项调研中，将好奇心强的人和知识丰富的人做了区分。好奇心强的人不一定具备很多科学知识，但很乐于去探索。调研结果显示，在对待气候变化等问题上，有高度好奇心的共和党人和民主党人所持观点接近。其接近程度远高于对该问题相当了解的两党人的观点相似度。

卡亨和其他研究人员还设计了另一个测试。他们提供了一组关于气候变化的文章，并要求参与者挑选出自己认为最有趣的一篇。有些文章支持气候变化科学，有些则是将其打破；有些文章的标题显示有意料之外的发现，有些则是对已知情况的确认。

通常情况下，有党派的参与者会选择支持他所在党派世界观的文章。但当文章的标题是意外发现时（《科学家报告中令人惊讶的证据：北极冰雪融化的速度比预期的还要快》），对科学充满好奇的那部分共和党人却选择了与党派主流政治观点相悖的文章。民主党中对科学有好奇心的人亦是如此。卡亨总结说，对有着科学好奇心的人来说，惊喜和解疑所带来的乐趣强于证实已知的愿望。好奇心能战胜偏见。

\*\*\*

在一段艰难的交流中，增强自己的学习欲望往往是实现最有所获的唯一方法。如果你是一名气候变化倡导者，当遇到一个认为这是骗局的人时，最好的选择就是去探究他是如何得出此观点的。是经历过什么，或读过、听过什么，使他有了这样的想法？了解这些并不会让你变得和他的观点一致，但能给你提供交谈的话题。

我们有时候会过早地陷入分歧。更明智的做法是，不要在早期阶段就说出"嗯，实际上……"对方在不受干扰或无须自我辩护的情况下说得越久，你就越能收集到更多有关他们观点的数据。毫无疑问，这对你而言是有利的：要么可以学到一些东西来改进自己的观点，要么能更好地理解对方的观点，知道该如何与之争辩。有时候，一个人说得越多，越容易让自己改变立场。

提问是表达好奇的一种好方式，但也可能是一种回避。如果我问："你是认真的吗？"其实是在暗示：我没把你说的当回事。"你为什么会这样想？"稍好一点，但也欠佳。因为这听起来像是在要求对方为自己辩解，你在法官的位置，并将他们置于被告席。类似"你能给我多讲讲吗"就要好很多。它表明你愿意倾听，且将对话视为是平等的。"你能多给我讲讲为什么会这么想吗？"与"你为什么会这样想？"有着微妙但至关重要的区别。

这本书有一部分的内容是我在巴黎逗留期间写的。那段时间，有一个叫尼尔·贾宁（Neil Janin）的商人联系到我，希望和我讨论我曾经出版的一本关于好奇心的书。他当时并不知道我正在写一本有关分歧的书，但这个主题竟是他的专长。贾宁在麦肯锡公司工作了 30 年，其中许多年都在管理其巴黎办事处。现在他已是半退休状态，指导高级管理人员如何处理困难的、有冲突的对话。我们见面时，他刚生了一场病，在恢复中，嗓子说不出话。在咖啡馆里，我们面对面坐下。他用极富穿透力的目光注视着我，以热切而沙哑的微弱嗓音传递出箴言般的智慧。他说："所有的关键都在于联结。如果你不去联结，就不能创造。是什么阻碍了我与同事的联结？判断。'他很愚蠢，就是弄不明白。他们没有看到事实依据，一旦我提供了，他们就会改变主意；如果还不改，那一定是笨蛋'。"贾宁继续说道，当我们陷入分歧时，会面临一个选择：简单模式还是困难模式。"我们喜欢做评判。它能帮助我们保持'正确'。这既有利于自我满足，且不需要耗费精力。而好奇是会消耗精力的，因为你在试图弄清楚一些事情。但这是唯一的途径。"

劳伦斯·艾利森告诉我，为了让审讯有效，无论嫌疑人可能犯下多么可怕的罪行，询问者都必须放下道德评判。"这个人最终坐在你的对面是有原因的，不仅仅是因为他们邪恶。如果你对他们出现在这里的原因不感兴趣，那就成不了一个好的审讯者。"贾宁给客户的一条最重要的建议也呼应了这一观点："放下评判。保持好奇！"

即使在管理顾问和他们的客户之间，解决分歧也是一项很艰苦的工作。但至少他们有着一种共同的文化：分析和逻辑、激励和利益。而如果与你交谈的人似乎被情绪所左右，表现得不理智，或被邪念所迷惑，该怎么办？这是杰恩·多彻蒂在她关于韦科谈判的书中谈到的一个问题。她建议，关键是要假设他们是理性的，并着力去弄清楚他们使用的是哪种理性。

伟大的社会学家马克斯·韦伯（Max Weber）认为，我们对"理性"一词的使用过于狭隘。它通常用来描述人们以符合逻辑的方式行事，旨在实现一个物质目标。韦伯将其称为工具理性，并提出了其他三种类型的理性行为。有一种是情感理性，即我把关系放在我言行的中心位置。这就是丹尼尔·卡亨研究中的很多参与者所使用的理性。还有一种是传统理性，即我乐于接受前几代人传下来的指导。这就是为什么在 12 月时我们可能会在家里放一棵树。最后一种是价值理性，即我所做的一切都在为某种更高的价值服务，几乎不考虑结果。

很少有人只依靠一种理性模式。我们大多数人都在不同模式之间转换，或者同时使用多个模式。多彻蒂指出，只要不与对方的最高价值观相冲突，他们实际上可以很务实，接受分析，也愿意解决问题。这是好奇心可以帮助我们的一种方式。当与没有使用工具理性的人发生分歧时，与其假设他们疯了，不如试着去搞清楚他们此刻用的是什么理性模式。无论是面对家庭成员、同事还是政治对手，这个方法都适用。比如，当你的女儿非要晚点再睡觉时，她可能是在情感理性的模式中。她或许是在寻找一种方法，来让自己有更多的时间和你在一起。那个人的行为的深层逻辑是什么？再好好想一下，你自己的行为的深层逻辑是什么？

***

不仅要让自己产生好奇心，还要努力激起对方的好奇心。如何能做到这一点呢？

南卡罗来纳大学心理学家格雷戈里·特雷弗斯（Gregory Trevors）曾研究了"逆火效应"，即当一个人持有的错误信息被人挑明时，他反而倾向于更坚信该错误信息。[①] 这与成瘾者被告知他们的习惯有害时所做出的反应类似。正如我们所见，纠正别人的风险在于可能引起身份威胁。然后就会产生特雷弗斯所说的"道德情绪"，如愤怒和焦虑。而这可能会使谈话迅速偏离轨道。愤怒和焦虑导致人们狭隘地专注于捍卫自己的立场，去攻击任何冲突信息的来源。一种替代策略是试着激起对方的"认知情绪"，如惊讶和好奇。根据特雷弗斯的说法，这可以成为化解焦虑和愤怒的解药。前文那位曾经的反疫苗主义者卡莉·利昂，在谈到侮辱感是如何让她钻牛角尖的时候，也说道："如果人们问我问题会有所帮助，是因为它能让我思考。"

前面我们讨论了如何避免引发威胁反应。需要在讨论分歧之前，先表

---

① 这个术语是由政治学家创造的。他们在 2009 年发现，那些认为"9·11"事件是伊拉克主使的人，在得到反驳信息后可能更加确信自己的观点。

达你对对方的重视，比如对他们将要说的内容感到好奇。除了正面肯定之外，还可以用吸引对方注意力的方式来构建新的信息或论点，而不是事后质疑他们。正如丹尼尔·卡亨所看到的，出乎意料的发现能使僵化的信念松动——"我以前还真不知道，或者说，我以前从未这样想过"。呈现出你对这个话题的好奇，表达你不认为自己什么都知道，再激发对方的好奇心。格雷戈里·特雷弗斯建议使用故事、玩笑和比喻来松动对方的防御系统。总而言之，与其追求说服对方，不如让对方看到自己很有趣，并且也对他们的想法感兴趣。

不好奇比好奇容易。正如尼尔·贾宁所说，保持好奇心很难，因为它需要动用稀缺的资源——精力、时间和注意力。如果在移民问题上你我看法不同，那可能是因为我们的过往经历不同。但思考这种差异的鸿沟需要耗费脑力，我很可能不愿投入。与其去好奇你说的话，不如把你当作偏执狂不屑于理会来得更快捷有效。在这个人们总被各种观点轰炸的世界里，这似乎是一种必要的反应。然而，我们应该去抵抗它。若不再对其他观点保持好奇，我们的智慧、人性及趣味会变得越来越少。

## 第10章

# 原则 6：让错误发挥力量

> 如果道歉及时且真诚，错误可以发挥积极的作用。它能使你看起来很谦逊，也能加强关系、缓和对话。

没有错误的音符，就看你如何解析它。

——塞隆尼斯·蒙克（Thelonious Monk）

假设你刚刚到达一个现场，这里有人想自杀。一名男子正站在一栋高楼的窗台上，威胁要跳下去。警察向你介绍了他们所知道的关于这名男子的情况。接着，你走上楼顶，与男子保持着无威胁感的距离，试图进行交谈。你会首先试着建立一种情感联结，表达自己对他的关心。"你好，艾哈迈德，"你说，"看起来你遇到了很大的困难。如果可以，我希望能帮上忙。"

说出口的那一刻，你忽然意识到（也可能是他告诉你）自己犯了一个糟糕的错误。他的名字不是艾哈迈德，而是穆罕默德。

还未正式开始就失去了对形势的控制。现在的你应该怎么办？

以上是英国兰卡斯特大学教授，也是世界上最著名的危机谈判学者之一保罗·泰勒提出的问题。当他意识到还没有人研究过这种场景后，便向他的一个研究生米里亚姆·奥斯汀加（Miriam Oostinga）提了这个问题。奥斯汀加立即就对此产生了浓厚的兴趣。在阻止自杀这种紧张而情绪化的谈判中，一个小小的错误就可能摧毁谈判者所建立的脆弱的信任关系。但错误是不可避免的。谈判者应如何去应对呢？在泰勒的建议下，奥斯汀加将这个课题放入了她的博士论文中。

我们都会在沟通时出错，对身在其中的人产生即刻且明显的影响，也会让关系变得紧张。试想一下，一个老师对某个学生的发型开玩笑，却发现他很受伤；一个政治家一时脑热在 Twitter 上发表意见，却立刻感到后悔；一个销售人员开玩笑地说话，却不知顾客心情不好。即使是一个小错误，也会对接收方和发出方产生情感上甚至生理上的影响。犯错误的人是否以及如何从错误中恢复过来，决定了接下来的对话能否顺利进行。

奥斯汀加从荷兰的警察和监狱部门招募了受过专业培训的谈判人员，让他们参与到她对错误的研究中。在这些谈判人员中，有些是危机谈判专家，有些是审讯专家。我问过她如何看待这些专业人士，以及他们有什么相似之处，她说："我想，他们都发自内心地对正在交谈的对象很感兴趣。当他们与我交谈时，真的让我感到他们很想了解我是谁以及我在做什么。"奥斯汀加首先对参与者进行了采访，以了解错误给他们造成的困扰。"没有人能够做到百分之百的完美互动。"其中一个人告诉她，"总有一些事情会出错。"犯错的风险随着赌注的增加而增加，比如在牵涉更多人的生命时。或者当遇到有攻击性的对象，让对话变为一场主权争夺战时，谈判者也更容易犯错。错误可能是事实性的，比如弄错了某人的名字，或者混淆了事件的时间和日期；也可能是评判性的，比如采用过于霸道的语气，或者脱口而出"我理解你的感受"，但对方却明显看出他们并不理解。

让奥斯汀加感到惊讶的是，谈判者们对"错误"这一概念都很谨慎。他们认为，偶尔偏离的信息是快速思考时不可避免会产生的副作用。如果极力想要避免它，只会让对话流于表面，毫无人情味。"我们应该谨防只说不犯错的无聊闲话。"其中一个说道。另一位说："如果我们不出错，那就不像人了，而像机器。"谈判者们认为，"错误"一词显得过于负面，事实上如果处理得当，它可以产生积极的效果。

在研究的下一阶段，奥斯汀加开始进行危机场景模拟，并设法让谈判者犯错。例如，他们可能被告知要与一个叫史蒂文的人谈话。这个人把自己关在监狱的一个房间里，威胁要用刀自杀。谈判人员第一次叫出此人名字时（他们所接受的训练就是要直呼名字），这位犯事者（由演员扮演）会愤怒地回答："我不是史蒂文。"其他场景还模拟了评判错误。在谈话过程中，嫌疑人会对谈判者的语气做出恶劣的反应。例如，指责他说话打官腔，尽显优越感，或者过度友好。奥斯汀加对谈判者的反应以及对话会如何发展很感兴趣。

这些错误产生了一些可预见的影响：增加了谈判者的压力，并使对话更加暴躁和无常，但也带来了意想不到的效果。审讯者或人质谈判人员最大的敌人不是欺骗或愤怒，而是沉默。他们的首要目标是保持有活力的对话，可以是任何内容。奥斯汀加发现，错误在这种方式下是有用的。例如，在描述嫌疑人目睹的一个场景时，询问者会弄错一个重要细节（因为奥斯汀加提供的是错误信息）。嫌疑人会愤愤不平地回应说："不，不是那样的。"然后他就会继续详细描述事情的真实情况。谈话会很流畅，询问者也会获得更丰富的信息。

专业人士不会纠缠于一个错误，而是利用它来建立一种更紧密的关系。他们善于立即做出真诚的道歉。"你说的对，是我弄错了。""是的，那样说很蠢。我们可以重新开始说吗？"偶尔他们会转移话题，质疑信息来源。但他们也会在合适的时候承担责任，并向被询问者暴露自己脆弱的一面。谈判者们告诉奥斯汀加，如果能以此来重新平衡原有的不对等的权力关系，那是可以带来成效的。换句话说，道歉可以纠正"下位"现象，只要能取得谈判对象的信任。

***

道歉是一门鲜有人愿意费心去掌握的艺术。真到用时，才发现为时已晚。瓦萨学院（Vassar College）经济学副教授本杰明·何（Benjamin Ho）研究过为什么有些道歉能奏效，有些则被视为无意义、不真诚。这个课题似乎跟经济学没有太大关系，但本杰明·何研究行为经济学，关注社会行为的成本和收益。毕竟，经济不是围绕金钱运转的，而是围绕人际关系（经济学家花了很长时间才意识到这一点）。我们在社会交往中犯下的错误会损害或结束相互之间的关系。而道歉是恢复关系的一个重要方式。

在企业层面，道歉具有实质性的经济意义。如果像大众汽车或Facebook这样的公司搞砸了事情，就需要有效地道歉，以尽量避免损伤与消费者的关系。2004 年，密歇根大学的菲奥娜·李（Fiona Lee）领导了一项相关研究。他们评阅了 14 家公司在过去 21 里里的年度报告，并分析这些公司是如何应对负面事件（如盈利不佳等）的。结果显示，那些公开承认错误的公司在一年后的股价增长高于试图掩盖错误的公司。

受菲奥娜·李研究的启发，本杰明·何开始寻找其他方法来建立道歉和经济效益之间的联系。他和同事伊莱娜·刘（Elaine Liu）共同研究了美国处理医疗事故的方式。当医生犯错并伤害到患者时，会使自己陷入一个困境。一方面，如果他们很诚实，就会想道歉；另一方面，这样做的后果会使自己面临可能是毁灭性的法律诉讼。再想象一下，如果一名医生给你或你所爱之人的生活带来了不必要的痛苦，而他却连一声道歉都没有，你会是什么感受？你会很愤怒，不是吗？即使最初你并没有打算起诉，现在多半会改变主意了。这便是他们在研究的当下正发生的情形：患者很难过，但医生却觉得不能道歉，这会使患者异常愤怒，进而起诉他。

为了打破这种恶性循环，美国许多州（在何和刘发表论文时有 36 个州）已经通过法案，不将医生的道歉作为法庭上的有效证据（该方案由参议员贝拉克·奥巴马和希拉里·克林顿在 2005 年向参议院提出）。目的便是为医生创造一个说对不起的避风港，从而改善医患关系，降低法律诉讼的可能。由于并非所有的州都通过了该法案，何和刘发现在通过"道歉法"的州，索赔案件减少了 16% ~ 18%，医疗事故案件的解决速度几乎提高了 20%。这大大减少了昂贵且耗费精力的法律纠纷的数量，而这一切都是因为人们能够听到一位权威人士向他们说"对不起"。这一发现帮助何找到了道歉的一个具体价值，并证实了他已经形成的一个理论：为了使道歉有效，它必须看起来很难做到。

要与医生、建筑商或政治家等形成有效的关系，必须对他们的专业抱有深深的信任。如果专家犯错，关系就岌岌可危。何提到，专家是否能够通过道歉来弥补，取决于这个道歉是否可能会让他们付出一些代价。何还借鉴了博弈论。这是数学的一个分支，对经济学和生物学都有影响。在博弈论中，"高成本信号"是指个体以一种难以伪造的方式进行交流。生物学中的经典例子便是雄性孔雀的尾巴。这让查尔斯·达尔文陷入绝望，因为他无法推断出这个精心设计的沉重装饰是何种进化逻辑。博弈论学理论家的解释是，如此冗余的尾巴正是关键所在：雄性孔雀是在彰显自己无比健壮的身型，就像一个国王要建造一座无比精致的宫殿来展示他的财富和权力。"我很健壮"或者"我很强大"的信号要令人信服，必须难以伪造。

何认为，这个逻辑也同样适用于道歉。当我们觉得有人对不起自己时，希望能听到对方说出"对不起"。但往往这三个字本身并不足以让我们感到满意。我们还需要看到他们将此说出口是经过一番艰难挣扎的。虽然情感关系顾问们建议要向伴侣道歉，以帮助弥合裂痕，但任何有过恋爱经验的人都知道，道歉不能过快。当你在说对不起的时候，如果样子看上去毫不费力，道歉的话就显得空洞，华而不实。事实上，即使我们爱的人向我们道了歉，有时候我们还是会抓住不放，逼问他们为何不早点表态。这种行为的原因是，我们希望他们为之付出一些感情上的代价。同样的逻辑也适用于企业的道歉。何说，公司或政治家公开道歉后，经常会迎来嘲笑和羞辱。但这并不证明道歉是在浪费时间，那些嘲笑和羞辱恰好说明道歉是有效的。

何列举了几种不同的方式来进行高成本道歉。例如，"对不起，这些花送给你。"这是最直接的高成本的道歉方式。这里的成本显而易见，实实在在。花越贵越好。还有承诺式道歉："对不起，我下次不会了。"这里的成本是，你正在取消或放弃一些未来的选择。当然，如果你下次再犯，道歉也就不奏效了。然后就是我认为的英国式道歉："对不起，我是个笨蛋。"这是一种特别有趣的方式，因为你所出让的是你被人视为有能力、有作为的人的权利（何将其称为"身份式道歉"）。最后，还有米里亚姆·奥斯汀加所说的转向回应："对不起，但这不是我的错。"这不是一种非常有效的修复关系的方式，因为它说起来毫不费力。但在某些情况下，这可能是最好的选择。比如你的专业声誉至关重要，而且你可以证明自己并无过错。

2018 年，何意外地得到一个机会，可以用现实世界的数据来测试他的道歉理论。联系他的人是芝加哥大学的教授约翰·利斯特（John List）。他因用大数据来开展关于现实世界的实验而闻名。利斯特是以优步公司（Uber）首席经济学家的身份给何打的电话，并希望何能够帮助他量化道歉对企业的价值。与任何以服务为基础的企业一样，优步公司有时候会让客户感到恼怒或不满，比如车辆未到或路线选择错误。利斯特猜想，服务体验不佳的客户若收到道歉，将来会更愿意再次使用优步。为了说服优步的管理层，他需要对道歉的价值进行量化。

利斯特和他的团队已经研究确认，不好的服务会让优步损失惨重。比预计到达时间晚 10 ~ 15 分钟，客户在之后的行程中花费会减少 5% ~ 10%。何和利斯特想知道，道歉是否能让客户的消费回升。他们与两位经济学家巴兹尔·霍尔珀林（Basil Halperin）和伊恩·缪尔（Ian Muir）一起设计了一个实验，帮助优步公司弄清如何让道歉有所成效，以及它有多大价值。

研究人员有一个大型的实时数据库，能从美国各大城市的 160 万名乘客那里收集到信息。他们可以从中找出最近有糟糕搭乘体验的乘客，并确保在一小时内发出一封包含道歉的电子邮件。经济学家将这些乘客随机分为八组，并发送不同的道歉信息，对照组除外（对照组即代表现状，因为当时优步公司没有为不好体验道歉的政策）。有些人收到的是基本的道歉，没有详细说明。有些人收到的是"身份式道歉"："我们知道我们的估计出现了偏差……"还有些人收到的是"承诺式道歉"，提到优步将努力为客户提供可以让他们满意的到达时间。然后，四个组（对照组、基本道歉组、身份式道歉组和承诺式道歉组）再各自一分为二，其中一半可以收到一张5美元的优惠券，可在未来的行程中使用。经济学家随后追踪了这些乘客使用优步的情况，包括出行次数以及之后84天内的花费。

何与同事们从结果中发现了几个问题。首先，道歉不是万能的。基本的道歉几乎没有效果：简单一句对不起不会对客户继续使用的次数和长度产生明显的影响。其次，最有效的道歉是高成本道歉：在道歉的同时提供一张优惠券。客户在这之后的净消费实际上比经历不佳体验之前更高。最后，道歉可能会被过度使用。一些顾客有不止一次的不良体验，因此会收到多次道歉。他们对公司的惩罚力度会比那些从未收到道歉的客户更重。

这证实了米里亚姆·奥斯汀加采访的人质谈判者所提到的内容。"在5分钟内说5次对不起并不能建立起积极的关系。"其中一位受访者说。你收到某个人的道歉越多，这些道歉的代价就越小。到了某个程度，它们开始显得廉价，甚至变成一种侮辱。

\*\*\*

懂得应该如何道歉绝非易事，因为哪怕是同样的道歉也会有不同的效果。这取决于道歉的人是谁，做什么事。斯坦福大学社会心理学家拉丽莎·泰登斯（Larissa Tiedens）研究了如果政治家在公开场合表现出情绪，会如何影响选民对他的看法。在一项实验中，泰登斯选取了两段克林顿总统在 1998 年就莱温斯基丑闻所做的大陪审团证词视频，并向参与者播放其中之一。[①] 两段视频中的其中一段，克林顿明显很愤怒的样子。他形容自己所受的待遇是不恰当、错误和不公平的，并质疑调查人员的动机。他直视镜头，挥舞着手来强调他的观点。另一段，克林顿回顾了他与莱温斯基的关系，举止显得非常不同。他说这段关系是错误的，同时将头低了下去，目光投向一边。

当时，媒体评论员们一致认为，如果克林顿想修复与选民的关系，他需要表现出悔意和内疚，而不是愤怒。但泰登斯发现情况恰恰相反：观看愤怒片段的参与者对克林顿的好感高于观看悔过片段的参与者。泰登斯认为，原因是"愤怒传达了能力"。社会心理学家持续地发现，会表达愤怒的人看起来更有掌控力和能力，即使他们看起来不那么友好、热情和善良。与悲伤或悔恨的人相比，愤怒的人更有可能被视为身居高位。当然，克林顿的道歉也带来了积极的影响，参与者对他的喜爱度是有所提高的，看到克林顿愤怒视频的人会更加尊重他。

尊重与热忱之间的权衡使人在道歉时很难把握合适的语气。如果你采用"身份式道歉"（"对不起，我是个笨蛋"），是在用部分能力方面的名誉（也就是尊重），来换取一些亲和力。这种做法可能存在风险。是否采用，取决于能力和亲和力哪一个对此关系来说更为重要。没有人愿意听到医生说："问题是，在这方面我帮不上什么忙。"但作为丈夫或家长，亲和力的优先级应是高于权威性的。

---

① 该实验于 1999 年进行。当时克林顿仍是总统，但他的对手已经启动了弹劾程序。

对于那些两者都需要的人来说，比如人质谈判专家，需要对何时承认错误做出非常准确的判断。一些与奥斯汀加交谈过的谈判专家表示，除非迫不得已，他们一般不愿去承认错误，因为在危机中他们应被视为很有能力的人。另一些谈判专家则认为，错误恰恰提供了一个将原有不平衡的权力关系重新平衡的机会。通过道歉，他们可以表明自己愿意顺从，从而降低嫌疑人的警惕性，让建立更亲近的关系成为可能（其中一位谈判专家还告诉奥斯汀加，如果她感觉那个错误的作用没有发挥出来，甚至可能会在之后的对话中再次提及，如"我觉得我之前说的话还在让你难受"）。一个错误有可能将谈判者和嫌疑人带到一个"泡沫"中，让他们之间的关系有时间去酝酿和深化。当事人在思考着谈判人员所犯错误的内容和原因时，会暂时忘记眼前这一切荒谬的场景，不必考虑赌注、观众、未来…… 奥斯汀加告诉我："他们可以在那个'泡沫'中建立起联系。"

\*\*\*

分歧中本来就充斥着错误。如果双方每走一步棋都要精心策划，并非常小心地避免说错话，那争论将变得毫无养分和激情，也不可能有所成效。正如奥斯汀加采访的谈判者所提醒的那样，不出错的对话要么不值一提，要么都是机械回应。当然，这并不是指当你意识到自己对对方的情绪充耳不闻，或颐指气使，或弄错对方名字时，应该要感到高兴。如果这本书能对你处理有冲突的对话有所帮助，并不是因为你可以消除所有可能犯的错，而是因为你将能更好地认识那些错误，并知道如何去应对。

一旦你理解了分歧是如何发生偏离的以及发生偏离的原因，潜在的艰难且令人担忧的前景似乎就变得不那么可怕了。首先，你意识到了不是只有自己会犯错。人们总是犯着类似的错误，只是很多时候不愿承认。其次，你会把错误变相视为机会。通过纠正自己的错误（化解弹错的音符），可以强化与对方的关系，使双方的对话更加丰富。

一个错误会掀起一些扰动，但这正是其作用所在。它就像飘进对话的一场小旋风，将眼前的景象打乱，从而创造出新的视角。它还提供了一个很好的道歉机会。正如上文所见，道歉远非只关乎礼貌，还应为此付出一些代价。我的意思不是说每次当你严重误解了对方，就需要提供一张优惠券，以承诺他们之后可以免费提意见五次，而是说，你对错误的承认应该是有情感代价的。当你说对不起时，不应该仅仅是在表达"行了，这个问题就到此为止吧"。否则，可能会让对方感到被冒犯或被怠慢，对话自然也就很难继续了。而当你在某个立场上后退一步时，可以让对方看到你做出这一举动的不易。事实上，最好是真的不易。

有一种最糟糕的道歉方式是："对不起，如果我之前……"这个"如果"立即让你的道歉变得廉价和不真诚，因为你并非在承认错误。如果你不确定自己是否错了，在完全想清楚之前最好先不要道歉。

但如果你真的感到抱歉，那很好。

## 原则 7：让争论少一些机械性，多一些人情味

> 针锋相对的争论会陷入简单且可预测的模式之中。要让分歧更有成效，需要引入创新和变化，还需要有意外。

1990 年秋天，挪威社会学家泰耶·罗德拉森（Terje Rød-Larsen）和他的妻子莫娜·尤尔（Mona Juul）（一位外交官）去了一趟加沙。那是位于以色列边境的一片战乱地带，有一百万巴勒斯坦人居住在此，这里也是世界上人口最密集的地方之一。罗德拉森计划对这里的生活条件进行一项调查。这对挪威夫妇在一名联合国官员的陪同下，参观了一个巴勒斯坦难民营，却卷入一场巴勒斯坦青年和以色列士兵的小规模冲突中。

以色列士兵的子弹呼啸而过，巴勒斯坦青年的石块四处飞落。罗德拉森和尤尔身处其中，备受惊吓。后来护卫队试图平息局势，二人此时注意到战斗双方的年轻人脸上的表情。他们看起来很害怕，也很不开心。最重要的是，他们的表情看起来很相似。

接下来的三年里，在尤尔的帮助下，罗德拉森开始与当地的以色列人和巴勒斯坦人会面，并进行一系列访问。他以社会科学家的身份参与，也尝试着做一些超出学者职责范围的事情。罗德拉森希望能找到一种方法，帮助双方认识到他们之间的差距并没有想象的那么大。几十年的战争让双方都视对方为敌对者，以至于看不见对方真实的样子——都是渴望和平的人。

这基本是空想，但罗德拉森偏偏是一个顽固的乐观主义者。英国广播公司（BBC）的记者简·科尔宾（Jane Corbin）在谈到罗德拉森时写道，他"真心相信任何值得做的事情都可以做到"。他自信而不傲慢，总是面带微笑，给人以亲和力，还总有办法得到对方的信任。他的格言是："有时候，看似不可能的事反而比可能的事更容易实现。"

罗德拉森认为，应由巴勒斯坦解放组织（PLO）来引领通往和平的道路。以色列和美国官方都没有与 PLO 有过正式的接触，因为它被定义为一个恐怖组织。在 1991 年华盛顿主导的和平进程开始时，他们选了其他的巴勒斯坦领导人。柏林墙倒塌后，人们对新的世界秩序持乐观态度。但到 1993 年，谈判就陷入了困境。由于美国与以色列的联盟以及其强大的军事和经济实力，已无法再担任一个公平的调解人角色。巴勒斯坦人不信任美国人，而以色列人则抨击美国人对他们施压。

罗德拉森开始思考或许挪威能做到一些美国无法做到的事情。挪威是一个小国，没有能力去逼迫其他国家。挪威与争端双方都有良好的关系，并且有自己的石油供应，不会触及中东的经济利益。挪威的人口数量相对较小，刚过 400 万，这是其另一个优势：有影响力的小团体可以引入一些政治创新。

莫娜·尤尔与前社会学家、现任挪威难民理事会秘书长的扬·埃格兰（Jan Egeland）是朋友。罗德拉森所著的巴勒斯坦社会研究报告的共同作者，也是一位社会学家，名为玛丽安娜·海伯格（Marianne Heiberg）。她是新任外交部部长约翰·乔根·霍尔斯特（Johan Jorgen Holst）的妻子。挪威社会生活的流动性和无拘束性与美国政府庞大的官僚和等级结构形成了鲜明的对比。在挪威，罗德拉森认识每个人，每个人也认识他，其中一些人还愿意聆听他的疯狂想法。

罗德拉森提议在奥斯陆举行和平会谈，与华盛顿的正式谈判区别开。会谈将由挪威人主持，而且是不公开的。不会有盛大的外交仪式、新闻发布会或豪华轿车车队。最重要的是，不会有观众。罗德拉森注意到，公众对华盛顿和平进程的关注让谈话产生了两极分化的效果。以色列人和巴勒斯坦人总会时刻想着自己的同胞正在观看。他们面临保持"面子"的巨大压力：谈判者如果认为最重要的是展现本国的实力，自然就无法在谈判中发挥灵活性。因此，双方其实并没有真正地在接触。相反，只是各自表明立场，并坚守立场。每走一步都在预计之内，同过去的谈判毫无差别。剧本可能都是事先写好的。

\*\*\*

研究冲突解决方案的教授彼得·科尔曼（Peter Coleman）在哥伦比亚大学创办了一个困难对话实验室。科尔曼和他的团队分析了数百个观点相反的两方对话的案例。他们研究对话的情绪动态，包括如何流动，如何陷入困境，然后再制成图表。

该实验室采用了类似关系学家开创的一种方法。将对某一问题持有完全相反观点的两个人分为一组，并让他们就此问题进行充分讨论。结束后，双方会分别听谈话的录音，并说出在各个时刻的感受。然后研究人员会对他们的积极情绪、消极情绪，以及特定的想法和行为进行编码。谈话有可能会很激烈，有时还不得不提前结束，有时候情况又好很多。

科尔曼和他的同事找到了破坏性的对话和建设性的对话之间存在的一个关键区别。破坏性的对话在早期就被拖入拉锯战之中，并一直持续，坏脾气愈演愈烈。各方都坚定地站在某一极的观点上，并将所有错误都归咎于对方。同时，建设性的对话也不一定就是平静而礼貌的，也可能涉及言语攻击和蒙骗。参与者会报告说他们感到受伤和恼怒。但是，在某些时候，他们能够摆脱或者扭转这种态势，这时会有积极的情绪出现，如愉悦、感同身受、深深的理解等，即使这些积极情绪会转瞬即逝。这样的谈话更为宽泛，也更具多样性。

科尔曼在报告中说："谈话更具建设性的两人组，思考问题的方式更复杂、细微和灵活。在讨论过程中，他们能感受到不同类型的情绪，有积极的，有消极的。而且他们的行为方式也更加多样化，除了强烈主张自己的立场外，也表现出更强的开放性、灵活性和更多的好奇心"。

科尔曼的团队将每次谈话的情绪数据绘制在一个网格图上（见图11-1）。建设性的和富有成效的谈话所产生的形状看起来非常不同。建设性的对话，其数据点如满天星一般四处杂乱分布。而破坏性的对话，则像车辙一样都是一条条的直线。就好像其中的参与者把自己的情绪控制在一个狭窄的范围内，他们变得完全可预测。

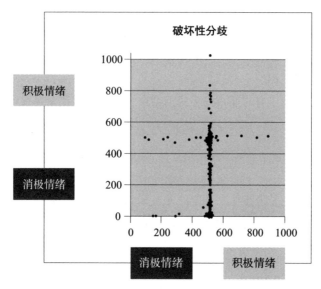

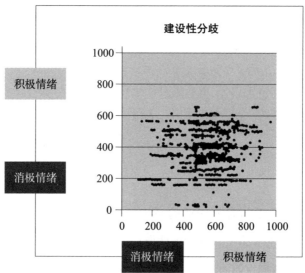

**图 11-1　情绪数据网格图**

　　注：在破坏性分歧网格图中，点是沿着两条线密集分布，表明讨论中的情绪很单一。在建设性分歧网格图中，点的分布显示出参与者的情绪随着讨论的推进而来回波动。科尔曼测量的内容包括想法、行为和情绪。在每个维度上，建设性的对话都比破坏性的对话显得更为复杂。

　　设计聊天机器人的软件工程师将对话分为"有状态"和"无状态"两种。有状态是指参与者保留了对话中所说内容的记忆。无状态是指很少或完全没有保留对话历史，每一次新的发言只针对上一条言论做出回应。这种低语境的交流，甚至没有前面对话来提供背景信息。

　　显然，设计无状态对话的机器人对程序员来说更为容易：就单一线索做出适当反应所需的计算能力远低于将其融入整段对话中。但这样做的代价是，对话听起来会很像"机器人"在交谈，双方机械地发出预先编辑好的回答，体现不出一丝对交流内容的真正理解。

　　你曾与人有过这样的争论吗？

　　　　A：我非常喜欢那本书。

　　　　B：哦，是吗？它写得太差了。

　　　　A：为什么你要让我对自己喜欢的东西有不好的感受呢？

　　　　B：为什么你总在扮演一个受害者？

　　　　A：哈，真是好笑，明明是你总在扮演受害者。

　　　　B：好吧，显然你今天心情不好。

　　　　A：心情不好的人是我吗？

　　在这样的交流中，每一句回答都只针对上一句话，谈话几乎没有记忆。双方都没有从对方那里了解到任何信息，而且脾气都变得越来越坏。

　　1989 年，都柏林大学一位名叫马克·汉弗莱斯（Mark Humphrys）的本科生编写了一个聊天机器人程序，并将其命名为 MGonz。每当 MGonz 不能理解该如何回应一句话时，就会发出一句带侮辱性的话，比如"你真是个混蛋""就这样吧，我不想再和你说话了"，或者"嘿，输入点有趣的东西吧，要不就闭嘴"。有一天晚上，汉弗莱斯将程序连接到了他学校的计算机网络上。第二天早上，他发现有人花了一个半小时与 MGonz 进行争论，显然那个人以为他在与一个真实的人辩论。

汉弗莱斯偶然发现了一个有关人类争论的真相——倾向于无状态。争论在一开始是"有关什么"，但很快就会变成单纯为了争论而争论，将参与者禁锢在一个消极的交互模式中。谈话变得像一条直线一样简单、过度简化。

无状态的争论可以无限期地、毫无结果地一直进行下去，因为这不是在解决或总结什么问题。处在这种争论模式中的人，通常会感到更加不愉快。就像水一样，争论在变热后开始蒸发气体。而且在这种情况下，蒸发的气体是有害的。你可能会忘记你与伴侣争论的原因是什么，但会记得它带给你的感受。

科学作家布赖恩·克里斯蒂安（Brian Christian）观察到"口头上的辱骂根本没有其他形式的交流那么复杂"。与 MGonz 交流的那位匿名者同样也用侮辱性的语句来回应收到的侮辱。他每句必会反驳，所以无论言辞多么风趣或激烈，都难不住聊天机器人。但凡他能问几个问题，很快就会发现这位对话者的局限。聊天机器人几乎不可能自然地回答诸如"你的意思是什么？""为何？"这样的问题，因为要做出解释就要依赖上下文。它会促使参与者扩大谈话内容，而不是仅仅从上一句话中获取线索。

同理，要想让人与人之间的对话少一些机械性，多一些人情味，我们就需要问一些不能事先备好答案的问题。因此，在有冲突的对话中，同理心、好奇心和打破常规就显得至关重要。在孟菲斯的培训课上，唐·古拉播放了一段警察试图进行逮捕的视频（网上有很多这类视频片段，都是用手机或随身摄像机拍摄的）。一个刚刚实施了持枪抢劫的男子站在一家商店门口，与一名拿着枪指着他的警察对峙。男子的枪在他的后衣口袋里。他既没有伸手去拿枪，也没有试图逃跑，但拒绝应警察的要求跪下来。

警察于是从要求变成命令，态度不断变得强硬。"跪下！"他喊道，"我不会再说第二遍！"男子拒绝，警察就又说了一遍。僵局一直持续到有更多的警察赶到之后。视频播放结束后，古拉说："那位警官发出了十几个口头命令。他应该意识到，他所做的事情是无效的。如果你所做之事是一个错误，不要因为自己为此已花费很长时间就觉得必须继续下去。"

古拉阐释了警察在僵局中的心理。"那个人让你后退一步。你的内心想法是'不退，我是警察'。但又有什么关系呢？就给他一些空间。你或许可以问问他的名字，甚至可以放下你的枪，递给他一支烟。问问自己，他为什么拒绝跪下？可能这对他来说是一种羞辱。不如换种说法，'那你至少可以坐下吗？'"

古拉说："有时候，你只需要换一种方式。"他讲了这样一个故事，一位警察在汽车呼啸而过的高速公路上跑着追一个人。后来跑得快喘不上气，便想了一个办法。他停下来，喊道："嘿，我这身材真不适合这样跑。请你别跑了！"那个人真的停了下来，转过身来，自首了。"这就很好。"古拉说，他的眼睛里闪烁着光。

\*\*\*

1993 年 1 月一个下雪的夜里，两位以色列学者在恍惚中从机场长途跋涉来到挪威一处乡村别墅里。罗恩·庞达克（Ron Pundak）和耶尔·赫希菲尔德（Yair Hirschfeld）是作为以色列方政治家的秘密代表。另一方，巴勒斯坦代表阿布·阿拉（Abu Ala）、马厄·埃尔·库尔德（Maher El Kurd）和哈桑·阿斯福尔（Hassan Asfour）到得迟了一些，因为入境时被移民局拦住了。这让他们非常恼火。会面别墅的所有者是一位挪威商人。他将房子及工作人员借给罗德拉森使用，只知道这里会进行一些国际政治活动。

第二天，巴勒斯坦代表和以色列代表聚集在起居室里。气氛自然有些尴尬。没有人知道谈判该如何进行，甚至不知道是否应该来这里。罗德拉森做了一个简短的开场白，解释说挪威人与美国人不同，他们除了创造条件以外，将不扮演任何角色。"如果你们双方想要试着共处，就必须自己解决你们之间的问题。"罗德拉森说。他还建议双方在最初的几个小时里先相互了解一下，分享一些关于各自家里和孩子的事情。午餐后，在点燃的壁炉旁，以色列方和巴勒斯坦方面对面地坐在咖啡桌两边的红色天鹅绒沙发上，开始交谈。

罗德拉森设想的会谈核心正是传统外交中所忽视的元素：环境、情绪和个性。他认为巴勒斯坦方和以色列方的谈判者完全可能友好相处，甚至互相喜欢，就像加沙街头的那些男孩其实可以一起玩而不是打架。罗德拉森认为，一旦谈判者理解了对方，对话就会变得不那么教条，还会产生创造性。他告诉我："我们的目标是让他们脱离剧本。"他的工作正是创造条件，使之成为可能。

从前在华盛顿的谈判，双方都有一个100多人的代表团。他们下榻不同的酒店，各自举行新闻发布会，围着巨大的桌子会面。美国方的调解员则在提案与反提案之间不断斡旋。而在挪威的房子里，以色列人和巴勒斯坦人住在一起，一同吃饭，一同共享休息时间。罗德拉森精心地策划着每个细节，如晚餐时的座位安排。还为他们特别准备了熏鱼、奶油烤土豆等挪威特产，以及可尽情享用的葡萄酒和威士忌。

五位谈判者在房子的不同地方举行了会议，有时还会到户外。星空下，漫步在树林里厚厚的雪地上，不停地讨论、争执。正如简·科尔宾所说，当时的气氛是"乡间别墅的度假周末，有美食与朋友相伴，兴奋地讨论到深夜"。对于谈判者来说，这种体验与在首都权力中心的感受截然不同。新奇的环境滋生了前所未有的、更富有情感的对话。信任的关系很快就建立了起来。

罗德拉森就像一名幕后工作者。他不直接参与讨论，但每当谈判者需要离开会议稍做喘息时，就会去找他。他们会将心中的想法，包括对另一方的失望与无奈都说出来。罗德拉森会认真倾听，回应他们所说的话，并为他们坚定谈话一定会有所成果的信心。其中一位谈判者注意到罗德拉森从未问过他有关谈判的事情，而只是问他的个人感受。"见到自己的死敌是什么感觉？"罗德拉森会随口问这样的问题，"你曾想过你会这样做吗？"

＊＊＊

彼得·科尔曼说，人类内心存在着一种基本的一致性与复杂性的紧张关系，他将其称为我们生存的"天然法则"。我们想要解决和回答一个问题，同时也想获得趣味和新奇。我们寻求秩序，也渴望自由。如果我们在一个方向上被推得太远，就会有问题出现。过于有秩序的社会令人窒息和压抑，而完全没有连贯性的社会又令人不安和疏离。心理健康问题的产生往往是因为被秩序（强迫症）或混乱（精神分裂症）过度驱使。

当我们感到焦虑、受胁迫或只是疲倦时，会有强烈的驱动力去简化问题，也就是快速实现一致性。如果你和别人吵架，心里是什么感受？你会觉得有压力，遭遇攻击，身心疲惫。所以你会去寻求更简单的答案（她是个白痴，他很邪恶）。你的对手也会做同样的选择。科尔曼说，当任何类型的冲突升级时，双方都会去寻求一致性。于是每一方都变得越来越僵化、不灵活。本是细微的差异，或是讽刺与妥协的表达，都落入二元对立之中——善与恶，愚蠢与聪明。我们对另一方观点的好奇变得迟钝，因为会涉及一些我们不愿提及的问题。也会收起同理心，进而影响道德判断。仿佛只有一个问题允许思考：你站在哪一边？

要打破这种模式需要一种迂回的方法。科尔曼的建议是，不要直接去揪住冲突所在，而是要"停止说理"。主要的任务是找到如何能让双方都有积极心理感受的方法。"这听起来似乎太简单，但却包含了一切。事实上，道理劝说、情感游说越少，沟通的效果就越好。"谈判人员接受过分析和合理化问题的培训，往往进行的是直线型思考。但当直线型思考行不通时，就需要想象力。

有时需要在"我方"和"他方"之间加入一个第三方，来引入一些创造性的外来因素。在奥斯陆进程中，挪威人正是扮演了这个角色。在 21 世纪初，一群普通却异常勇敢的利比里亚妇女建立了一个名为"妇女和平建设者网络"（Women's International Peace Network，WIPN）的组织。该组织由母亲、阿姨和祖母等组成，帮助结束了长达几十年的内战。当联合国维和人员在丛林中与一群叛军发生武装对峙时，打电话联系了 WIPN。

随后一群妇女穿着白色的 T 恤，戴着头饰来到了现场。她们高举双手进入丛林，还一边唱歌跳舞。WIPN 的介入为僵持的局面带来了惊喜和积极的情绪，氛围也随之改变。两天后，妇女们将叛军领出了丛林。

*** 

第一次的奥斯陆会议在三天后结束。2 月份，与会者在各自领导人的默许下，再一次来到相同的地点举行了会议。会议对外界一直是保密的，但双方现在都将其视为代表官方的正式会谈。在接下来的几个月里，他们在挪威不同的乡间别墅举行了一系列的会议，相互争论，以期达成一项革命性的协议。

作为一名社会科学家，罗德拉森密切关注着会议群体的动态。他在第一次的乡村别墅会议期间就试着营造了一种微观文化，之后也一直寻找方法来保持沟通的流动性，以避免落入教条，哪怕有高级别的谈判人员加入。某一次，一名职位非常高的以色列官员首次来参加会议，罗德拉森将巴勒斯坦谈判代表阿拉（Ala）拉到他的面前，说："来见见你们的头号公敌！"这句话听起来像临场发挥，但其实是罗德拉森的精心策划。这种玩笑话不可能出现在传统的外交术语里，但却让以色列人和巴勒斯坦人笑了。后来，他们一起在森林里散步，激烈讨论的同时也爱讲一些黄色笑话。

在 8 个月的时间里，罗德拉森不分昼夜地扮演着中间人的角色，联系起两个谈判团队，以及他们在突尼斯和特拉维夫的领导人。他努力维持着这个小群体的共同情谊——"我们一起对抗外部世界"的意识。他知道，只有在对立双方能神奇地团结起来的背景下，才会产生全新的看待世界的方法。这是一次对精神和体力都消耗巨大的努力尝试。但罗德拉森成功地创造了条件，让死敌双方能够相互承认对方同样也是有血有肉的人——是理解流亡和丧亲之痛的普通人，是对孩子抱有期望的父母，是对玩笑类别有着相同癖好的男人。

奥斯陆进程的高潮是 1993 年 9 月一个早晨举行的会议。在蔚蓝的天空下，两个人面对面站在白宫的草坪上。现场有受邀到来的世界各国领导人，还有数百万人在电视上观看直播。这两人中的一位是以色列总理伊扎克·拉宾（Yitzhak Rabin）。他曾是以色列军队的将军，参与过数次与邻国（包括巴勒斯坦）的血战。另一位是亚西尔·阿拉法特（Yasser Arafat），巴勒斯坦解放组织的领导人。该组织与以色列持续了长达 40 年的战乱。

自罗德拉森主持的第一次秘密会议算起，历经不到 9 个月的时间，两位领导人走到一起，签署了一份联合声明，即《奥斯陆协议》（*Oslo Accords*）。这是巴勒斯坦解放组织和以色列第一次承认对方是合法的对手。这在绝大多数人看来都是不可能实现的，但却真的发生了。站在两人中间的是美国总统比尔·克林顿，他邀请两人握手。阿拉法特先伸出了手，拉宾犹豫了一下，似乎在表达这对他来说是多么困难，然后伸出了手。

在此次握手后不久，关于协议细节的谈判陷入僵局。拉宾也许是以色列国内唯一一位受到足够尊重以推进协议签署的领导人，但却于 1995 年被暗杀。五年后，进程中的《奥斯陆协议》随着第二次大起义（Second Intifada）的爆发而寿终正寝。那个时候也正是巴勒斯坦人和以色列人之间暴力加剧的时期。

奥斯陆谈判虽然失败了，但却很有意义。该协议的精神贯彻到实施方案的理念之中：追求和平，兼顾两国。奥斯陆谈判所尝试的方式依然在持续，其留下的痕迹在黑暗中发出微微光芒。如果不可能的事情在某一次突然变得可能，那么或许有第二次出现的可能。

*** 

彼得·科尔曼引用过一项研究。该研究大致估计，每 20 次冲突里面会有一次被归类为"棘手"的，也就是极难解决的。这一数据不仅适用于外交和政治冲突，也适用于亲人、朋友，或同事之间的日常冲突。棘手的争执虽不常出现，但会对参与其中的人及其周边人的生活带来极大影响。不仅消耗精力，还会产生敌对情绪。我们会习惯性地认为那些争吵是"复杂的"。但正如上文所述，从某种意义来看其实恰恰相反。这取决于我们如何去处理对话。正如科尔曼告诉我的，"在冲突中，你会被拽入简化问题的模式。因此，需要引入更多复杂的感受、思想和行动来进行抵消"。

我们与朋友和亲人之间的争论往往遵循着有规律的模式。一旦争论开始，你就可以预测事情将如何发展，就像一名国际象棋高手，只需看一眼棋盘就可以预测接下来的八步棋。当熟悉的剧本上演时，我们发现自己会身不由己地进入从前的角色，上演着陈旧的戏码。为了阻止这种情况的发生，需要加入一些干扰，比如说一些对方意想不到的话，在某些事情上意外达成一致，还可以暂时转换话题。同时，你也可以改变说话的方式和内容，比如选择不同的语言和语气。你可能只需要注入一点幽默，或一丝温暖，甚至是一些听起来不合常理的话语。如果你们总是在厨房或办公室里争吵，或许可以试试换个地方。

你需要做出的努力是创造一个空间（真实的或象征性的），来开启一种全新的沟通方式。事实上，你可以把它想象成为你的对手打开一个秘密通道。

# 原则 8：既要自我表达，又要达成共识

> 支持自我表达，但遵守一套达成共识的规范与边界，有益于分歧的解决。规则创造自由。

2013 年，17 岁的卡尔·特恩布尔（Kal Turnbull）在苏格兰奈恩（Nairn）的一所中学上学。他意识到自己和身边朋友们无论是对于政治、音乐还是电视节目，都有着类似的看法。于是他开始思考，可以去哪里听到一些不同的意见？

这并不是一个如看起来那么简单的问题。任何一个在同一地方生活很久的人，都自然喜欢与同自己有类似世界观的人在一起。要找到与自己的观点截然不同的谈话对象并非易事。即使找到了，你也会因为一些社交压力而不去表达反对意见，因为我们知道，不同的意见会让人感到尴尬和不愉快。当然，你还可以到网上去找。但特恩布尔在社交媒体上看到的辩论更多的是摆摆样子或是重复堆砌，少有真正的参与。似乎没有一个地方可以与人探究或质疑自己的观点，而不受到攻击。于是，特恩布尔决定创

建一个这样的场所。他在 reddit.com 上创建了一个名为"改变我的观点"
（Change My View，CMV）的社区，五年时间便有了超过 50 万的订阅者。

在这里，参与者可以探寻自己观点的局限性。你或许对很多事情已经
形成了自己的看法，比如如何管理国家，上帝是否存在，或者今年哪部电
影评价过高。但你总感觉没有看到问题的所有方面，是不是错过了一些重
要的信息？如此一来，你便可以将观点带到 CMV 社区，社区的其他成员
会通过礼貌地反对你的观点来帮助你思考。无论最终你是否改变自己的观
点，看待这个问题的方式都会与从前不一样了。

\*\*\*

当人们承认不同意见的价值时，往往是在强调自由表达。但社交媒体
平台让我们看到，若被允许以任何方式去自我表达，分歧往往会演变成争
吵和辱骂。在 CMV 社区，并不是任何表达方式都被允许。特恩布尔与其
他 20 多名版主一起建立了管理组，维持着一套严格的操作规则。那些版
主都是从该版块里稳定的内容贡献者中招募而来的。违反规则的人将被管
理组警告，如果仍然无视，就会被逐出平台。特恩布尔告诉我："我们有
一定的限制性，但却让交流更为自由。"这些规则并不是他一开始就设计
好的，而是随着时间的推移不断地有机演变。渐渐地，特恩布尔及社区里
的其他用户揣摩出了什么是好的分歧，什么是不好的。

CMV 社区有这样一套运行程序。首先，提交一个你想挑战的观点，
比如"动物园是不道德的""Radiohead 是史上最好的乐队"。版内不对用
户所相信的内容做任何规定，可以是任意内容。然而前提是，你必须真的
相信，而不是"我有个朋友说……"最后，你需要真诚地愿意接受自己的

信念是错误的。这一条约束很难执行，因为谁也无法确定别人的想法。但特恩布尔团队还是找到了一些可行的方法，来识别那些违反了"拒绝肥皂箱"①规则的人，比如反复为自己的观点提供相同的理由，重复辩解而不去吸收或反思评论者的任何问题。

CMV 社区要求用户"以进行对话的心态进入，而不是来辩论的"。因为辩论意味着有竞争，目标会变成获胜而不是学习，那就永远不会改变自己的想法。向 CMV 社区提交观点这一行为本身已经表明提交者内心存在矛盾，就像去自愿接受治疗一样。他们思想的某些部分是可以改变的。特恩布尔也的确说过，他希望 CMV 社区就像一个心理诊所，人们可以前去了解自己的想法为什么是错的。

在 CMV 社区提交问题时，要求直截了当地陈述观点，而且要概述为什么会相信它。你可能会给出很多理由，但特恩布尔认为观点形成的过程往往才是最有价值的信息。是否与你的个人生活经历有关？或者成长的家庭环境如何？是否有某段特殊的经历？哲学家可能会说，观点如何形成属于不相关信息，因为信念的对错可以纯粹根据逻辑或事实来判断。但特恩布尔和 CMV 社区的用户发现，将观点嵌入人的生活中，可以起到改善对话的作用。

了解一些提交者的观点由来的背景有助于评论者组织自己的问题和论

---

① "肥皂箱"一词最早用来形容 19 世纪和 20 世纪初的街头传教士和政治家。他们将用于运输肥皂的包装箱放在地上作为一个小型舞台，站在上面进行布道和演讲。这些演讲通常是非正式的（不是有组织的教堂仪式或政治会议），且表现浮夸，试图动摇别人的信念。现在用来形容有些人在网页上提出一个问题求解答。但根据问题的措辞及相关文本，能明显看出其意图是在争论一个观点而不是想要学习。——译者注

据。那些更能成功改变别人观点的用户，不会发表放之四海皆准的论点，而是基于观点背后特定的人去定向评论。评论者越是感到在和一个真实的人交谈，就越不可能去诋毁他的观点。他们更能做到真正的倾听，从而让提交者感到自己被听到，更愿意改变想法。"'听'在基于文字的论坛中是什么样的？"特恩布尔说道，"我认为应该是参考这个人给出观点的理由，以及观点形成的路径。"

他告诉我，在大多数社交媒体论坛中，人们通常不会花时间先去了解对方，就直接跳到分歧点上。导致的结果是，大家会在问题的表面争论不休，而不去挖掘深层的内容。比如，"我认为是这样的！""呃，我认为是那样的！"特恩布尔说："有时候最好是慢慢地聊到你们意见不一致的地方。在一开始先绕着问题走一圈，然后再看情况。"CMV 社区要求用户在提交观点的时候需花时间进行阐述，正式迈出第一步，接受自己的立场存在缺陷的可能。当大家更详细地讨论后，他们往往会发现自己并没有想象的那么确定。

评论者必须要反对所提交的观点。特恩布尔不希望这里成为一个以巩固自己的观点为目的的地方。毕竟，那样的地方已经有很多了。另外，至关重要的一点是，必须礼貌地、相互尊重地表达不同意见。第一条共识的规则最为简单：不要无礼或有敌意。特恩布尔及其管理团队对任何带有无礼或攻击性的迹象都保持着相当高的警惕。他说，禁止抱有敌意是最基本的要求，"遵守这项规则非常重要。若被打破，对话可能就不存在了，之后的其他评论者将很难再真正地触碰到提问者。整个交流的氛围就被改变了"。

这一点值得再详细论述一下。说话的语气有时被当作人们互动交谈中的一个次要特征（你为什么要去担心说话的语气？只需专注于实质的内容）。然而，语气比内容更为重要，也比语言更深入，它是作为一种载体去表达我们期望与对方所建立的关系的。你的语气有效地表达出了在我们的交流中你如何看待自己：是更聪明还是更迟钝；是掌控者还是服从者；是需认真对待还是玩弄即可。正如我们所一直看到的，在双方建立起一种相互认同的关系之前，分歧势必会恶化。

特恩布尔提到，当人们在 CMV 社区中违反"禁止持有敌意"这一规则时，往往是无意识的，并会立即道歉。"他们想要改变对方的看法。而无礼的表现对实现这一目标显然无益处。"话虽如此，但人们在情绪当头时往往会忘记这一点。而 CMV 社区一条最巧妙的规则是让人牢记自己来到这里的初心——提交者要给证明了他们观点有误的评论者颁奖。当他们认为自己的观点被 CMV 社区里的对话所改变时，就需要授予做出贡献的评论者一个 delta——Δ（在数学和物理学中，Δ 表示改变）。

拥有更高 delta 分数的人，说明有更强的改变他人观点的能力，在社区中有更高的地位。一位参与者告诉研究 CMV 的学者："我第一次获得 delta 的时候，感觉是一件人生大事。"评论者有强烈的动机与提交者保持良好的关系，否则只会无功而返。

***

在社区建立的早期，特恩布尔和他的同伴们注意到一个问题：那些被讨论动摇了观点的人往往不承认。尽管立场可能与一开始的时候有所不同，但还是会假装自己的观点一直都未改变。也许他们也是这样告诉自己的。但特恩布尔希望人们能够承认自己是错的，这不是因为他想让人感到被羞辱。恰恰相反，他是希望消除错误给人带来的羞耻感。"没有人喜欢做错事。那种体验不好。但如果你积极面对，将会是一个获取洞察力、弥补无知的机会。不是一定要将其视为一种攻击。"苏格拉底让雅典人放宽心地劝说，在两千多年后仍然适用。

当我们提到"改变我的观点"时，总觉得是一个 180 度的大转弯，实现质变。这就使改变观点这一举动理解得过为沉重。在 CMV 社区，鼓励参与者只要认为某位评论者的讨论引发了其对主题更深入的思考，或者让自己有所收获，就要授予其 delta。"从'观点'的角度思考是有帮助的，"特恩布尔说，"其实你只需要稍微挪动一下，就会有一个新的视角。"

特恩布尔注意到，那些善于改变他人想法的人（拥有高 delta 分数的用户）都很擅长提出有效问题。他们不会用问题去斥责别人（你怎么会认为……），而是通过提问题来更全面地理解对方的观点。有时，这些问题会揭示出提交者立场中的核心矛盾，促使他们重新思考（就我个人而言，当有恐慌感产生的时候，我就知道这个人公正地总结了我的观点）。但是，只有在问题是真正源于好奇心时才会奏效。法医、检察官般的提问方式对改变思想起不到太大作用。正如特恩布尔所说："在 CMV 社区是要改变别人的观点，但如果你真以此为出发点，实际上会破坏这个过程，虽然这听起来与 CMV 的理念相矛盾。"

前文我们已经看到翻正反射是如何适得其反的。改变一个人的思想的更好方法是成为他的探索同伴。成功的 delta 积累者往往对自己的立场表现出一点不确定性。改变自己想法和试着改变别人的想法应该是同步开始的，问题也是同时指向被提问者和提问者——难道你不这样认为吗？

***

CMV 社区为学者研究人们如何以及为何改变想法的课题提供了大量的参考数据。康奈尔大学的一个计算机科学家团队分析了该平台上两年多的帖子。他们发现，约有 1/3 的提交者改变了自己的想法。这比例听起来似乎不算高，但类比从前相似课题的研究，这已是非一般的表现了。康奈尔大学的研究人员对 CMV 社区里什么类型的对话会出现 delta，什么类型的不会，进行了统计。他们的研究发现证实并强化了特恩布尔的观察结果。

例如，与成功说服相关性最高的因素是使用与原帖不同的词汇。这是一个有趣的发现。它意味着如果你想要改变一个观点，需要用其他术语来对其进行一定程度的重塑，以打造一个新的语境。这与他们的另一个研究发现相关联：使用具体的例子确实有助于改变他人的想法，就像使用事实和统计数据一样；最好的秘诀是将讲故事和出示真凭实据结合起来。

较长的回复往往比短的回复效果更好（"肥皂箱"式的演说除外）。一个人的观点更有可能在与评论者的对话过程中被改变，而不是因为某一个惊天动地的论点。但如果经过五轮交流后还没有一丝动摇，那基本就不会被改变了（这一点让我知道了在 Twitter 上跟人争论的时候应该在何时退出）。

研究人员还发现，"语意模糊"也是有帮助的。含有"可能是这样"等短语的论述往往比直接预测确定性更有说服力。当一个评论者的语气表现出自己并不完全确定时，提交者会降低戒备心。示弱也是一种力量。

\*\*\*

交通方面的专家都知道，在拥挤的高速公路上，只要有两三个司机扰乱交通，就会造成数百辆车的拥堵。这一原则同样适用于网上的辩论。一小部分故意捣乱或脾气不好的参与者可以强行进入大家的视线。而当你意识到的时候，一个新的常态已经被设定，进而发展为各方脾气都暴躁的僵持局面。

大多数人既不是故意想表现得无礼，也不认为自己必须要始终保持礼貌。无论我们在什么环境中交流，都会本能地从别人的行为中获取线索。这一点充分体现在双人关系中：当两个人在交谈时，其中一方注入了哪怕是一丝的敌意，另一方就会立刻注意到，并想做出回击。在网上，这种动态模式被放大。参与者环顾四周，不假思索地问道："我是可以随意攻击别人，还是需要有礼节地辩论？"

对此，我们每个人都应承担一定的责任。如今已成共识，我们所购买的东西或旅行的方式会给环境带来影响，然而，人与人之间的沟通方式也会对环境产生影响。我们说每一句话，都可以选择是改善还是污染语言环境。事实上，你说什么可能不如你怎么说更为重要。毕竟，你不能确定自己是对的。你可以确定也可以控制的是，你呈现出来的样子。

不过，要改善网上分歧的状况不仅仅要靠每一个人，还需要一套精心设计的规则，正如 CMV 社区向我们展示的那样。只要人们可以意识到规则的存在，哪怕是最简单的条例也会有所帮助。有些人担心，严格的规则会给参与度和自由表达带来寒蝉效应。2016 年，康奈尔大学传播学教授内森·马蒂亚斯（Nathan Matias）研究了这一问题。研究对象为 Reddit 上的科学讨论社区。该社区当时有 1350 万订阅者。马蒂亚斯让部分线上的用户看到社区规则的公告，其中包括禁止使用敌对性语言。与那些没有看到公告的用户相比，他们中首次发表评论的人明显更遵守规则。最重要的是，新来者的参与率平均增加了 70%。他们并没有被这些规则所吓倒。无论是在网上还是在工作场所，只要相处规则公开可见，就有助于所有人的交流。其中，尤为适用于那些加入时间不长，还未消化吸收团体规范的人。共同的约束为更有活力的分歧创造了空间。

规则之所以重要，并不是因为人们需要被告知该做什么或不该做什么，而是因为在一个大家都遵守的框架内去表达会有更佳的体验。争论总会有可能失去控制，要么是因为人们故意违反规则，要么是一开始就不知道规则。但当人们真的陷入混战时，又通常会希望找到一条出路，而一套明确的规则正好可以指明方向。

人质谈判专家深知一个原则：他们通常必须缓和濒临混乱的局势。威廉·多诺霍教授告诉我，为了实现这一点，他们试图建立起一套结构，以引导人质挟持者能够自我表达。"谈判者进入这个充满争端，有着身份冲突和极度情绪化的混乱场景，必须对其施加规则。他们有结构地去反馈所听到的内容，'你所关心的第一件事情是……第二件事情是……'"解决困难对话的专家都接受过这样的训练，但正如多诺霍所说，熟练的沟通者会本能地这样去处理。"一个好的朋友会倾听你情绪化的发泄，并帮助你找到出口。他们将你从混乱不堪中带出，进入可自我掌控的状态，这样你就能做些什么了。"

多诺霍把这个过程比作一个政治体系。"民主正是这样开始的。《大宪章》的理念是要从一个反复无常、不受约束的国王手中夺回权利。一个民主社会需要适当的程序，才能让每一个诉求或不满不被国王的一时兴起所消除。在我的研究中，我看到了有相同作用的力量。谈判者和调解人员先创建一个问题分布图，再提出一个解决这些问题的程序。若沟通的结构散架，则将唤起人们夺取权力和强加自我意愿的需求。"

# 原则 9：处理好争论中的情绪问题

知道再多的理论也无法让我们能完全处理好在分歧中所体验到的情绪。有时候最难应付的对手就是你自己。

回到本书一开始的场景：某个冬天的夜晚，在英国偏僻乡村的一个酒店的会议室里。这是我所知道的：上周日，一名年轻女子在地下通道被强奸。这起事件的视频被上传到一个网站上。上传视频的手机属于当地一家有 17 名男司机员工的快递公司。这部手机发出的最后一条短信的信号所在地距离弗兰克·巴尼特家不远。他是一个有家庭暴力史的人。

我眼前的这个人并不是真正的弗兰克·巴尼特，他并不是真的强奸犯嫌疑人，他是一名演员。这是劳伦斯·艾利森让我参与的角色扮演，是他对警察询问官进行培训的核心内容。劳伦斯为我介绍了案件，并称呼我为"莱斯利探长"。

为什么我会感到非常反胃呢？因为即使是模拟的高压对话，也有力量触发你的神经系统，无论大脑如何理性地告诉你这不是真的。艾莉森曾警告过我，角色扮演的审讯通常会让人感觉过于真实。训练有素的警察询问官可能在模拟训练中被逼到边缘。在现实中，专业的审讯人员完成了高强度的审讯工作之后，有时还需要心理疏导。

我从那个简短而紧张的模拟中体会到的是，要使分歧有所成效，需要对别人施加影响，但首先需要影响的人是你自己。控制好自己的情绪和反应是最难掌握的技巧。

***

　　巴尼特：少跟我来这套，为什么要来问我——弗兰克·巴尼特？为什么是我？

扮演巴尼特的人是劳埃德·史密斯（Lloyd Smith），长期参与艾利森的培训课程。劳埃德大概是这个世界上接受警察询问次数最多的人了。他扮演过卢旺达军阀、伊斯兰恐怖分子和巴西黑帮成员，也扮演过杀人犯、强奸犯和恋童癖者。他有时需要咄咄逼人，近乎暴力，有时需要闪烁其词，彰显魅力，有时还需要保持坚定的沉默。对于每个案件，他都将艾利森写好的人物简介及所犯罪行的信息充分消化吸收。他的工作是尽可能地让询问者感到难受。显然，他以极高的技巧和成功的伪装实现了这一点。劳埃德虽然没有在学术上研究过审讯策略，但他参加了无数场不同对手的询问，对询问者的模式与反应有着深刻的理解。

他其实只是一位极其出色的演员。但在那个房间里，对我来说，他不是劳埃德，而是弗兰克·巴尼特。我向他解释，我们询问了好几个为那家快递公司工作的司机。我试图让自己听起来很自信，但显然没有成功。

　　巴尼特：所以你认为我可能是个强奸犯？

我不知道该如何回答。能怎么回答呢？于是我只是绕着弯地重复了刚才说的话，他只是我们约谈的几个人之一。我听起来很像一个回避正面回答问题的政客。

　　巴尼特：这是一个只需要回答是或不是的问题。你相信我可能是个强奸犯吗？

最终，我回答了是的。

　　巴尼特：你应该知道我很厌恶你们这些人。
　　我：哪些人？
　　巴尼特：警察。从我还是小孩子的时候起，你们就一直纠缠我、殴打我。

我试图把谈话拉回到之前的问题上：他在那个周日下午做了什么，但巴尼特明显不愿回答。

　　巴尼特：你认为我是个混蛋吗？
　　我：不，我没这么想。
　　巴尼特：你不认为强奸犯就是混蛋吗？

我没有理会这个问题。接下来用更正式的口吻再次问起那个星期天发生的事。巴尼特看了看我左手上的戒指。

> 巴尼特：你结婚了，是吧？
>
> 我：是的。
>
> 巴尼特：如果我强奸了你老婆，你会认为我是个混蛋吗？
>
> 我：（目瞪口呆）是的，很可能。

我之前已经感到发热、紧张，全身痒得很不舒服。而现在，我开始感到很愤怒。为什么这家伙会认为可以谈论强奸我的妻子？为什么是他在问我问题？我又不是犯罪嫌疑人。一直在旁观察的劳伦斯暂停了询问，并问我感觉如何。我告诉了他情况。他点点头说，这里的挑战正是如何避免被巴尼特拽入他的力场中，进行他想要的对话。"你大概会想，天哪，这家伙简直就是一个无耻的混蛋。但一个高水平的询问者能够退一步去想，'啊，有趣，这家伙表现得像个混蛋。这是出于什么原因呢？'"

劳埃德在角色扮演结束之后向我讲解，我需要更好地掌握该在什么时候让步这一技巧。"我认为你不应该害怕使用我所使用的语言。这都是我为你设置的小障碍。如果我知道你在艰难地憋住那些话，我就会一直逼你。如果你说'是的，我会认为他是个混蛋'，那在这个方向上我就无路可走了。或者当我问你是否认为我可能是个强奸犯时，你就说是。那么我也没什么可反驳的。"他说，有时候他会把脚放到桌子上，来诱导询问者进入无意义的争论之中。经验不足的询问者就会认为这是对自己权威的威胁，注意力进而被分散。而聪明的询问者则会忽略它。"反正过一阵，我也会觉得不舒服，自己把脚放下来。"

劳伦斯说，当弗兰克·巴尼特试图通过个人相关的谈话来激怒我时，我应该缓缓地回到我想继续的问题上。"你可以说，'是的，我当然会这样认为。用你的话来说，他就是个混蛋。但我的感受并不重要。我是来问你关于一个年轻女孩被强奸的事情。这是我必须完成的工作'。"

劳伦斯说，我最大的错误是没有去探究为什么巴尼特表现得如此令人不快。他认为当巴尼特提到他不喜欢警察时，我错过了一个机会。"你本可以对此做出回应，"劳伦斯说，"你可以说，'是有警察跟你过不去吗？'"劳埃德表示同意。他说："这是一个人的经历，是他生活中的真实存在。你不必为此承担个人责任，但可以去认可它。你可以说，'听起来你有过很不好的经历'。"如果跟他聊这件事情，说不定能帮助我更加了解这位谈话对象。同时，正如劳埃德所说，还有另一个潜在的好处："它会在潜意识里影响自己，开始进入真正的交谈模式，而不只是简单直接地给出答案和提出问题。"

若我表现出有兴趣知道他的人生，就有可能减少他的防备心。但当人感到愤怒时，就很难产生好奇心。事实上，愤怒让人根本无法清晰地思考。

\*\*\*

伦敦大学学院的一个心理学家小组邀请了一些人到实验室做实验。被试被安排为两人一组。小组中的其中一人需将一个手指放到一台小的机器上。该机器会对手指施加一个非常微弱的挤压力。然后他被要求用完全相同的力度去按压另一个人的手指。关于力度的指令是另一个人并不知道的，这一点非常重要。

然后，第二个人又被要求再去按压第一个人的手指，并且是以自己之前感受到的完全相同的力度。如此反复相互按压手指，科学家则在精确测量他们所使用的力度。每一对被试所用的力度都迅速升级，直到两个人所感受到的力度都达到最初的约 20 倍。

这个实验让我们瞥到了人类冲突如何不断升级的一角。每个被试都认为自己的行为与对方相称。虽然没有人在故意提高赌注，但压力还是不知不觉地提升了。这又产生了一个问题：为什么不是所有的冲突都会如此升级呢？

一种解释是，有些人在接收他人的情绪信号方面比较迟缓。从事婚姻沟通方面的研究人员发现，那些相互回以消极性信息的夫妻的婚姻更有可能不幸福（尽管前文提到消极情绪可能对关系有所帮助，但过多时显然是不健康的；关键是从长期来看积极与消极情绪的比例）。更令人惊讶的是，这也适用于那些相互回以积极性信息的夫妻。不幸福的婚姻和家庭与幸福的相比，有着更激烈的氛围，情绪发散得更快。关系学家约翰·戈特曼在实验室里测量了争吵对已婚夫妻生理上的影响（心率和汗腺），并与他们的婚姻时长关联起来。如果一方的行为影响到另一方的生理机能，那么这段关系很可能会以离婚告终。

还有一种解释，有些人有着"情绪惯性"。无论外界发生什么，他们都趋于保持相同的情绪状态，进而能平复受到的影响。如果你的伴侣或同事没有立刻对你的情绪（无论好坏）做出反应，你可能会感到沮丧。然而，你或许有理由对此感到庆幸。在一段关系或一个团体中，一定程度的情绪惯性是具有正面作用的。当你组建团队或选择合作伙伴时，以这个角度来考虑个性组合不失为一种明智的做法。一个好的团队固然需要充满激情和创造力的成员，但也需要持怀疑态度或不易兴奋的人，否则分歧很容易以意想不到的形式失控。披头士乐队就真的很需要林戈（Ringo）这样的人存在。

一方面要找到合适的个性组合，另一方面还需试着在内心成为"林戈"，以在必要时克制冲动、防止事态升级。在按压手指的实验中，被试的行为模式可类比关系学家艾伦·西拉斯提出的夫妻争吵中的"无意识回应"。每个人只是本能地去呼应对方的上一步反应，而不去思考自己应该怎样去回应。由于没有目标性，也就几乎不会自我控制。

英国一家销售和谈判技巧培训公司荷士卫（Huthwaite International），50 多年来一直在收集关于谈判者行为的数据。他们一直采用直接观察真实谈判的方法，进行了一系列的长期研究。这项研究的目标之一是确认高水平和普通水平的谈判者在行为上的差异（高水平是指得到谈判双方的认可，且有一连串成功的记录）。

荷士卫的研究人员找出的主要差异之一是处理冲突的方式。和普通人一样，谈判者也会在分歧中对另一方动怒。荷士卫用"防御/攻击"来形容情绪激动的行为。在这种情况下，谈判者要么对对方表现出攻击性，要么情绪化地为自己辩护。研究人员观察到，这种行为会渐渐形成一个"强度递增的漩涡"。当有一方攻击时，另一方就会防御，但却被对方同样视为攻击。导致的结果是，防御和攻击的举动变得难以区分。

普通水平的谈判者在面对分歧或隐含的批评时，往往会做出防御性反应。他们可能会说"你不能为此责备我们""这不是我们的错"。但这种做法只会激起对方的强烈反应，从而引发"漩涡"。数据显示，普通水平的谈判者陷入"防御—攻击漩涡"的概率是高水平谈判者的三倍。同时，矛盾的升级还遵循关系学家在夫妻争执中所识别出的常见模式：一方以轻微的抨击慢慢地发起攻击，再渐渐增加强度；同时，另一方也做出相同的回应，直到引发全面的对抗。

高水平的谈判者会有不同的处理方式。他们并不是完全不表现出敌意，而是很少这样做。而当他们要去攻击时，会在没有警告的情况下发起猛攻。这表明他们比普通水平的谈判者更能有意识地控制自己的攻击性。当他们发火时，是将此作为达到目的的一种手段。可能是想表示这才是他们所关心的问题，可能是想把讨论从僵持中拉出来。无论如何，他们永远不会让对话将自己控制住。

在《贝尔法斯特协议》（Good Friday Agreement of 1998，亦称《耶稣受难节协议》）达成前的谈判中，英国政府首席谈判代表乔纳森·鲍威尔（Jonathan Powell）无数次与北爱尔兰冲突各方的政治家和官员沟通。在愤怒与指责中，他一直耐心地调解各方争论。鲍威尔具有典型的外交气质，头脑冷静，但这项职务的压力还是给他带来了负面影响。在他写的一本有关谈判的书《大仇恨，小空间》（Great Hatred, Little Room）中，描述了一个他完全失去自我控制的时刻。在他的上司，也就是英国首相托尼·布莱尔（Tony Blair）出席的一次会议上，鲍威尔对一名官员大发雷霆。他认为这名官员在大肆地攻击英国人，于是愤怒地抓住其衣襟。后来被布莱尔强行拉开。鲍威尔知道自己犯了个错。事后，布莱尔把他拉到一边，说："任何时候你都不应该突然地发脾气。"

艾伦·西拉斯说，成熟的沟通者不会在没有事先考虑的情况下去服从互惠的逻辑。他们会故意放慢谈话的速度，以考虑自己有什么选择。他们不仅会思考自己想做什么，还会考虑所做之事将给对方带来什么影响，以及如何做才是实现对话目标的最佳方式。当人感到愤怒或害怕时，心跳会加速，会促使自己做出快速、冲动且往往是不好的决定。但是，只要意识到是什么导致了自己的这种反应，就能有助于控制局面。

\*\*\*

Polis 培训机构的唐·古拉建议我与埃利斯·阿姆杜尔（Ellis Amdur）聊一聊。阿姆杜尔是一位研究人类愤怒情绪的专家，研究对象也包括他自己。他经常与警察及其他一些在工作中会面对愤怒的专业人士一起工作。阿姆杜尔出生于美国宾夕法尼亚州匹兹堡的一个中产阶级家庭，在其成长过程中，被害的恐惧感一直如影随形。在阿姆杜尔的学校里，学生可以随便打架。有一次他被打得很惨，便决定去学习格斗术。

在耶鲁大学学习心理学后，阿姆杜尔花了近 14 年的时间在日本各个武术学校学习格斗。回到美国后，他学习了一种受现象学影响的心理疗法，意在探讨人是如何基于自己的信念来看待这个世界的。"这种思维方式深深地吸引了我。你必须避免用先入为主的观念来看待眼前的事物。一个好的警察，或者任何一个善于处理危机的人，都能在对峙中识别出更重要的信息，而摈弃其他不重要的。要做到这一点，需要研究自己的反应，并保持觉察。"

对阿姆杜尔来说，愤怒从来不是单纯的愤怒。他教授警官们如何更精确地评估一个人所表现出来的愤怒类型，以及如何做出相应的处理。"混乱的愤怒——神志不清；害怕的愤怒——像一匹被逼到墙角的狼，不想迎战，但若没有选择也会毫不犹豫地冲上来；冷静的愤怒——一个掌控着局势的捕食者；激烈的愤怒——像一只想把你撕碎的熊；操纵性的愤怒——像一只想穿越迷宫以实现目标的老鼠；欺骗性的愤怒——像藏在高高的草丛中的蛇。你需要对每种类型采取不同的方法。"

阿姆杜尔谈到大脑有三个层面：人类、哺乳动物和爬行动物（这在神经学上并不准确，但对描述攻击性是一个很好的类比）。他说，在人脑水平，"双方观点有碰撞时可能会有火气，但仍对对方想说什么感兴趣。我们会试图实现一个双赢的结果——对话。"当分歧使我们心跳加速后，就降到哺乳动物的大脑水平。正面接触变为主权斗争，愤怒成为主导的情绪，"你以为自己是谁啊？""我把关注点转移到自己要说的话上，对别人的话没有丝毫兴趣。这就是为什么总能听到这些话：'你根本没有在听。''可以让我说一句吗？''你还是不明白。'"爬行动物的大脑又会不同。"大脑被愤怒占据时就进入了第三级水平。一个愤怒的人只关心如何赢得争论。他的论点可能与真相吻合，可能是正确的，但求真并不是其目标所在。你无法与一个愤怒的人一起解决问题。"你甚至无法向他们提问，因为对愤怒的人而言，这正好证实了你没有在听他们说话。"如果你说'你生气了吗？'他们会回答'你连这都看不出来吗？'所以更好的说法是'我看到你很生气'。"在爬行动物的大脑中，是愤怒在主导一切。

阿姆杜尔要求他的学生回想一下，什么事情容易让他们陷入愤怒，触发自己心理上的爆发开关。他告诉警察，很关键的一点是要做好心理准备，现场可能会有人按下开关。"比方说，你有某种不安全感。大多数时候你并不会去留意它，直到有人将其激活。提醒自己我的开关是什么，就能在被触发的时候更好地与之打交道。我不会表现出强烈的威胁反应，因为我有所准备。"

在孟菲斯，Polis 的培训师经常反复提起在压力下自我控制的重要性，同时也指出有时候可能需要同事的帮助。"每个人都有自己的触发点，"迈克·奥尼尔告诉大家，"就我而言，是任何家暴事件。我的父母总是打架。如果要让我来处理家暴案件，我可能在瞬间爆发。我的搭档了解我的情况。他会说：'这个我来处理，迈克。'"

一位孟菲斯男警官发言道："我的触发点是涉及儿童的情况。我曾经去过一个公寓，看到里面一片狼藉。满地都是啤酒瓶，还有随处可见的蟑螂。而一个小孩子就坐在沙发上。我开始感到失控。我的搭档不得不把我带到公寓外。"

＊＊＊

我与弗兰克·巴尼特的短暂接触让我了解到专业审讯员所从事的工作是多么困难。你的思维必须同时在至少三个方面全力运作。第一，你要布置一个认知棋局，基于你对嫌疑人的了解，嫌疑人对你掌握的信息又了解多少，以及你需要从嫌疑人那里问出什么。第二，你要试着与这个极力想推开你的人建立融洽、信任的情感关系。第三，你还要与自己做斗争。

我很清楚对弗兰克发脾气或回应他的挑衅是不好的选择，但这并不意味着我可以轻松地阻止自己这样做。如果我不能控制自己的行为，就不可能对他产生影响。当然，这种情况不仅仅存在于警察的审讯室和军营里。在任何激烈的对话中，我们与别人的冲突都与自己内心的冲突纠缠在一起。

我发现，把内心的冲突理解为在不同目标之间的挣扎能对自己有所帮助。无论我们做什么，总是有意识或无意识地朝着一个或多个试图去实现的目标。行为科学家威廉·T. 鲍尔斯（William T. Powers）将大脑设想为一系列目标驱动的系统，以不同等级罗列起来。最低的系统控制我们的身体（中枢神经系统控制肌肉），而最高的系统就与有意识的认知和目的相关。在最低层面，行动可以自动地、不假思索地进行，因为它们有接收到高等级的指示。比如当你驾驶汽车时，不必考虑每个动作，因为已经自我设定了驾驶这一目标。而这个目标是为另一个更高层次的、更具策略性的目标——逛家具店服务的。鲍尔斯说，问题出现在系统相互冲突的时候。也许你的身体给你设定的目标是躺在沙发上，但你的高级系统却要求你去商店，因为沙发需要更换。于是你感到焦虑、不开心，直到其中一方胜出。

在任何形式的对抗中，无论是与你的伴侣、同事或陌生人，我们都经常陷入某种内心的斗争中。较低的、更本能的系统为我们设定的目标是赢得眼前的争论，而较高的系统则期望我们与这个人保持良好的关系。这种系统之间的竞争不一定是势均力敌的。低级系统很强大，可以释放出压倒性的力量。它为我们设定了眼前的目标：赢得争论，打败这个人，展示自己卓越的智慧。于是，我们可能会过于专注于此，而完全失去追求任何更高目标的意识。即使出错的信号再明显不过（比如在争论中感到了压力和痛苦），我们也会视而不见地向前直冲。

当有人对你无礼或充满敌意时，这几乎是在向你发出"礼尚往来"的邀请。你大脑的一部分自然地想接受这个邀请，并直接开始与他们撕扯。照这种情况发展，就是允许了让别人来控制我们的反应，而忘记自己有可选择的目标。如果你的目标就是让那个人陷入自我否定，或者想对其进行羞辱，毫不在乎关系毁掉，那就不必犹豫，继续往前冲。

然而，通常的情况是拒绝邀请，选择自己的表达方式会更好。在与一个你希望或者需要长期保持良好关系的人交谈时，被对方带入低处对双方来说都不是好事。在这种情况下，最好的办法是退后一步，放慢速度，有意识地选择自己的路径，而不要踏上被邀请的道路。

威廉·鲍尔斯提供了一个很有帮助的思考方式：每当我们陷入内心冲突时，应该把问题踢给上一级，就像普通雇员把责任推给部门经理。换句话说，我们应该试着对自己的行为有更多不同角度的看法，对自己的目标也有更清晰的认识。具体来讲，我们可以问"为什么"和"如何"。"如何"的问题是将聚光灯照到我们较低层次的行为上。与别人发生不愉快的争论时，我们可以退一步问自己：我在这场争论中是如何表现自己的？我是不是脾气不好，爱讽刺人，有攻击性？"为什么"的问题是将聚光灯照到我们更高的目标上。我为什么要参与这场争吵？我想获得什么，有什么意义？当你知道了答案时，就知道接下来该如何做了。你可能会改变说话的语气，变得更温暖或俏皮，也可能故意变得更具攻击性。这正是那些谈判专家在不同时刻选择不同表达方式的做法。

自身提高一个级别并不能保证你的对话者会以同样的方式去回应你。他可能会表现出更强烈的攻击性来回应你温和的语气，但至少这种方式能让你自己得到"升华"，脱离所处的时刻。你会感觉到，赢得现在的争论突然变得不那么重要了。即使不能与对方达成和解，你也能与自己和解。

# CONNECTED 第14章

## 原则10：真诚以待，方能化干戈为玉帛

*所有的准则都从属于黄金法则：建立诚信的人际关系。*

回到之前的房间里，开始第二次的模拟询问。同样的案件、同样的嫌疑人，只是弗兰克·巴尼特被换了另一种性格。我请劳伦斯和劳埃德让我体验一下警察询问中可能面临的各种挑战。

这一次，当巴尼特在我对面坐下时，没有怀疑地盯着我，也没有把脚放到桌子上。他看着地板，仿佛不想与人有眼神接触。说话时，是用一种柔和的、犹豫不定的语气。我问他在那一天做了什么。他欲言又止，然后问道："那个女孩还好吗？"

我粗略地回答了他，又转到关于那天他都做了什么的问题上。停顿了许久之后，他用很小的声音说："我很想帮忙，但我只是很疑惑。我不会做那样的事情。他们当着我孩子的面，在学校门口逮捕了我。"我说，这对他而言一定很为难。然后继续我的询问。

劳伦斯暂停了采访，问我情况如何。我说这一次感觉自己更有信心和控制力。劳伦斯皱起了眉头，说："我觉得你有点反常，缺乏同理心。你的语气几乎和第一次询问时一模一样，尽管紧张少了一些，可并没有什么调整。"

我意识到他是对的。我太想表现得像有地位的莱斯利探长，而忘记了需要根据面前的人去调整自己的语气。劳埃德之后也加入讨论。他告诉我："如果你说出'这对你而言一定很为难'，但背后却没有对应的情感，还不如不说。"

这是一个重要的教训：没有情感的共情比没有共情更糟糕。"除非你听起来像是真的关心我所经历的事情，否则我只会觉得自己是程序里的一部分，而你也只是推着我往前走。"

重要的是要显得有说服力，劳埃德继续说："如果一名警察看起来坦率豁达，不做任何评判，我更有可能会开口说话。当然，或许也只是因为我觉得你好骗。可无论如何，如果你给我的印象是你已经有了确定的答案，那我就没有理由再说什么了。"

所以最好的询问者是那些有能力让自己显得很开明而没有偏见的人？"与其说是一种能力，不如说是对找出真相真正感兴趣。"劳伦斯说。

＊＊＊

英国警察杰克·罗尔尼克［Jake Rollnick，其父斯蒂芬·罗尔尼克（Stephen Rollnick）是动机式访谈（motivational interviewing）理论的提出者之一］曾与我交谈，聊到他如何耐心地与处于危机中的人建立良好关系，然后再采取相应的行动——可能是逮捕，可能是护送到安全的地方。当我们临近谈话结束时，杰克又补充了一个观点：

> 保持融洽的关系很重要，但有不同的方法来实现。我的警长个头很大，是一名橄榄球运动员，真正的"卡迪夫人"（Cardiff，指卡迪夫城足球队）。他总是以对抗的方式切入，而且总是奏效。我记得我们遇到一个服用了过量药物并试图割腕自杀的小伙子。我在他旁边坐了很久，温和地说服他跟我去医院。然后警长走了进来，冲他大喊："你想让我怎么做？想让我送你去医院还是别的什么？我不能帮你解决问题，我有自己的工作要做。如果你想去医院，我就带你去，或者你可以坐在这里等死。"

"这种做法大错特错，"杰克说，"我坐在那里心想，他把我之前做的所有正向努力都搞砸了。但那个小伙子却和我们一起去了医院。我多次看到警长采用这样的做法。也不知道为什么，最后总能建立起一种联系。似乎并不存在什么规则。"

在这一本讲规则的书里，这样说可能显得很奇怪，但杰克是对的：没有固定规则。或者说，几乎没有。在研究和撰写这本书的过程中，有一条黄金线串起了所有我与他人的交流。那就是如果你没有建立起真诚的人与人之间的联结，就无法成功地处理分歧和冲突。有了这样的联结，所有的规则都没有实际意义；没有这样的联结，一味地使用技巧和策略很可能弊大于利。

\*\*\*

脱离了真情实感的共情与好奇，效果往往都是适得其反。谈判教科书中教授的技巧之一是找到共同点，以发展融洽的关系。这是一条很好的原则，也正是我们在这一章节里所讨论的内容。但如果处理不得当，就会显得很不真诚或充满讽刺。

即使对方是你认为没自己聪明的人（这永远是个冒险的赌注），他也可能对你发出的关系信号有敏锐的感受力。唐·古拉强调，警察不应该假装同情。无论对象是谁，都要假定他足够聪明，能够看穿任何伎俩。"患有精神疾病的人也是有智能的，只是生病了。他们知道你什么时候在对他们撒谎。不要试图扮演成另一个人，要真实。"

劳伦斯·艾利森反复强调的一点是："你必须是认真的。"审讯者所表现出来的好奇绝不应该假装，需要真实存在。劳伦斯反复警告不要依赖"技巧"，也就是那些让审讯者感觉自己很聪明，但往往被受访者看穿的操纵伎俩。技巧运用是有吸引力的，因为能让我们自我感觉优越、有掌控感。但往往它并不能达到想要的效果，而且可能适得其反。南非情报部门前负责人，也是参与促成曼德拉出狱的人物之一尼埃尔·巴纳德（Niël Barnard）有一条有关谈判的经验法则："表现聪明就是在犯傻。"

当艾尔弗雷德·威尔逊决定问卡车司机有关他生活的情况时，并不是在耍花招，而是真的有兴趣知道。查兰·内梅特发现，"恶魔的代言人"的游戏只有在代言人真的相信他所说的观点时才能起作用。人质谈判专家强调，只有真诚的道歉才会起作用。当曼德拉说出阿非利卡人对他的伤害很大时，维尔约恩知道他是发自真心的。

***

Polis 创始人乔纳森·温德告诉我，他从前当警察时，发现工作中最大的难题是他所谓的"官僚主义悖论"。只有穿上警服作为一名警察时，他才获得许可去干涉他人的生活。但与此同时，只有当他超越了这一官方角色时，才能够打动别人。"如果作为一名警官的工作是要建立起信任感，那我表现出死板的官僚主义作风就行不通。只要我看问题是从法律的技术层面出发，就不能持久地对他人有所影响。我必须做真实的自己。"

温德在美国新泽西州一个充满书香气的家庭中长大。"我是一个挺聪明的孩子。"温德自夸道。他的父母经营一家书店，祖父是一位历史学教授。他在大学里学习哲学和中东语言，而后加入西雅图附近的一个警察部门。在从警的第六年，温德开始攻读博士学位，将德国哲学家马丁·海德格尔（Martin Heidegger）的研究成果应用于执法工作。他的论文后来编撰成书，名为《警务与生活中的诗意》（*Policing and the Poetics of Everyday Life*）。

与温德交谈时，仿佛对面坐着的是一位欧陆哲学家，而他恰好知道执行逮捕的最有效方法。我问他是什么让他觉得警察工作如此有激励性。"全世界都认为警察执法具有侵略性，但对我来说，却是与人亲近的过程。一次又一次，你出现在他们最脆弱的时候。看到人出生，看到人死亡。与他们谈论为什么婚姻会破裂，为什么要试图自杀。这是人类最初的本性。"

同往常一样，他又谈回哲学。"人与一棵树或一块石头不同。我们会创造意义。一架喷气式飞机在天空中划过，会留下一缕烟雾；一艘船在水中驶过，会留下一阵涟漪。它们没有其他的移动方式。一个人走过这个世界也是如此。当你迈入一个房间时，就会像星星发出光芒一样放射出意义。"他停顿了一下，接着说："所以如果真是这样，与他人有良好的互动就意味着要心怀良好的意图。永远不要物化别人。要明白他们有灵魂，就像你自己一样。"

CONFLICTED

第三部分

应对争论的正确方式

WHY ARGUMENTS ARE TEARING US APART

AND HOW THEY CAN BRING US TOGETHER

# CONFLICTED 第15章

# 把争论当作无限的游戏的一部分

> 实现富有成效的意见分歧不等同于保持良好的礼仪。但为了让分歧有所进展，我们需要遵循一些最基本的文明形式。

凡是大家都想去了解的事物，必然会存在诸多争论。

——约翰·弥尔顿（John Milton）

1962年，哲学家和自由主义倡导者伯特兰·罗素（Bertrand Russel）收到了来自英国法西斯联盟前领导人奥斯瓦尔德·莫斯利（Oswald Mosley）的一系列信件。莫斯利希望罗素参与一场关于法西斯主义道德的辩论。最后，当时已近90岁的罗素做出了答复。他写了一封简短的信，解释自己为什么不接受莫斯利让他加入辩论的请求：

要回应那些在思想理念上与自己格格不入，甚至心生厌恶的人，总是一件很困难的事。我不是反对你提出的一般观点，而是我的每一分精力都用于极力反对残酷的偏执、强迫性的暴力和虐待性的迫害。

而这些正是法西斯主义哲学和实践的特征。

不得不说，我们所处的情感世界是如此不同，并且是彻底的对立。我们之间不会有任何成果或诚意出现。

如果让我自己对本书的前提提出异议，那就是在于此。有所成效的分歧固然是非常好的，但现实中有些人不值得你去努力。我们可以从对话者那里学习，但不是所有人都有可教授的东西。当然，我们应该尝试与对话者接触，但不包括那些所持观点不值得我们去关注的人。对于有些对手，我们必须要么忽视，要么击败。战斗或逃跑有时是唯一的明智选择。其他的想法，可能会是天真而危险的。

要在一开始就识别出这一类人很困难。人与人之间很少会存在一条完全无法逾越的信仰鸿沟。自由主义者和白人至上主义者之间？所以曼德拉不应该与维尔约恩，或者说南非政府进行谈判吗？你可能会说，他这样做是迫不得已，因为有求于对方。但这正是关键所在。我们经常需要从与自己观点相悖的人那里获得什么，即使只是诉求公平对待或和平共处。外交官已成功地与地球上一些最可怕的人进行了谈判，或调解争端。审讯者也能与犯有可怕罪行或充满邪恶信念的人交谈，并试图让对话有所成效。而罗素不需要与莫斯利有往来，因为莫斯利当时已是强弩之末，无关紧要，而罗素自己的时间又异常宝贵。

我并不认可这样的说法：基于这个人所持的观点，我不可能与他相处。但我认可的是，一些人提反对意见的方式会让我觉得无法与之建立友好关系。有一些人就是残酷无情且思想封闭，争强好斗又心胸狭窄。他们总是预想别人满怀恶意，也总爱夸夸其谈，却从不倾听。这些表现都属于某种情感或态度，而不是意识形态。它可能存在于任何场景，而不仅限于政治场合。无论是在恋爱关系中，还是在家庭与工作环境里，你总能遇到那些根本不想顾及别人，只想按自己的游戏规则来玩的人。这些人在提出反对意见时，可能会假装是为了实现共同的目标，但实际上只是为了把你引入徒劳的战斗之中。别忘了，罗素有提到莫斯利的"情感世界"与他是如此不同。

话虽如此，还需警惕我们总是不自觉地趋于高估这一类人的规模。尤其当你睡眠不足时，更为明显。因为我们的大脑总会寻求各种方法去保存能量，其中之一便是减少我们认为值得关注的人和观点的数量。于是我们会找来一些标签——种族主义者、可悲的人、笨蛋。你否定某人时感到的强烈的确定性并非证明你做对了，而是一种摆脱繁重任务后的满足感。许多被我们快速鉴定为交往即浪费时间的人其实是值得去建立关系的，因为他们可能有我们可学习的地方，或者他们实际比最初看起来要复杂多了。艾尔弗雷德·威尔逊本来可以把那个持有邦联旗帜的人当作不值得争取的人，然而他很高兴自己并没那样做。

***

尽管如此，这一切还是非常合理，不是吗？整本书都非常合理，强调听取各方的意见，认真地倾听，并站在各方的角度去看问题。它是如此地……有礼貌。

我承认礼貌很重要。但如果我是生活在舒适之中的，也几乎感受不到恐惧。而那些绝望的人、害怕的人、觉得自己被骗的人，可能会希望得到一些礼貌以外的东西。从他们的立场来看，实现富有成效的意见分歧这一概念似乎是一件奢侈品。当屋顶塌下来的时候，这有什么用呢？而且有些事情的确值得生气，甚至可以产生不合理的愤怒。礼貌可能会有碍真实。我也不想在自己生活的世界里，每个人都必须时时刻刻尊重所有人的感受。有些人的观点，或者说有些人本身，就是恶劣得无可救药。在这种情况下，你大可痛痛快快地骂过去。

保持礼貌的指令可以被当作一种维护现状的手段。20 世纪 60 年代，上流社会的南方白人对民权抗议者是怎么评价的？他们不懂礼貌，不值得我们理会，更别说听他们提反对意见了。马丁·路德·金在他所写的《伯明翰监狱来信》（*Letter from Birmingham Jail*）中，对那些说支持他的事业但不支持他的行动的美国白人表达了不满。他说，白人的温和派"更致力于保持'秩序'，而不是正义"。

对于那些会因为改变而有所失的人来说，这是一个不舒适甚至是痛苦的过程。强调遵循礼节的重要性是一种推脱的方式。在大公司的会议中，特别是有着传统高语境企业文化的公司，一个人的陈述只有在符合规则的情况下才会被认真对待。他不可能站起来大喊："如果我们不改变、不迅速地改变，就全完蛋了！"尽管如果真有人这么做，很多破产或毁灭性的决定就可以避免了。

礼貌也可以成为控制谈话的一种手段，或者说一种权力行为。它可以演变成一种复杂的准则。如其他任何准则一样，能让了解它的人获得优势。英国的阶级体系里仍然充满了各阶层可允许说话方式的细微差别，这有助于维持这栋陈旧大厦的稳定。最极端的形式是利用政治正确——用语言技巧来区分内部人和外部人，以利于高知的精英们囤积权力。而那些所说之话令人不悦的人则会被排除在外："他太无礼了。""她太情绪化了。"

分歧不应该是一场血腥的运动，但也并非一滴血也不流。如果所有的公共讨论都像晚宴一样进行，我们不会听到痛苦的哭声和愤怒的呐喊。在某些争论中，我们不能太过忌讳打破规则或者冒犯到他人。但这又产生了一个难题。如何区分仗义执言和蛮横无理？如何区分直言不讳和当面羞辱？

***

认为网上的政治分歧只有谩骂的人都应该看看 500 年前有关宗教的争论。下面是马丁·路德对教皇的评论：

> 你们是无可救药的、彻底的大流氓，是地球上所有最邪恶的人之中的糟粕。你们尽是由地狱里所有最坏的魔鬼组成的——太多，太多，以至于你们除了呕出、扔出、吹出恶魔之外，一无是处！

路德的粗鄙无礼是策略性的。他认为不可能有礼貌地指出罗马天主教会彻底的、丑恶的腐败，否则会削弱他愤怒的作用力。为了有效地抗议，他和他的追随者们必须扰乱教会的说话方式及说话内容。他们有道义上的责任去冒犯那些脆弱的神经。

路德宗教改革之后，随之而来的是漫长的有关宗教与政治的争论。牛津大学政治哲学家特雷莎·贝扬（Teresa Bejan）研究了现代文明的概念是如何在这一时期形成的。当时的欧洲和新世界的人们陷入一个有关"宽容"的新问题里——能否以及如何与那些持有自己很鄙视的信仰的人一起生活。贝扬注意到美国殖民时期的辩论与当代有一些共同点：都对文明的倒退感到很绝望。英国圣公会教徒会教训无神论者，说他们的观点是多么

粗鲁无礼，却从不在意他们争辩的内容。贵格会教徒因为不脱帽和令人
厌恶的握手习惯而被排挤——如果他们连文明都做不到，难道不应该被迫
害吗？

贝扬开始写书，想要论证"文明"是权力阶层使用的一个工具，意在
压制异议和分歧。但在研究过程中，她改变了主意。因为有人成功地说服
她，文明的真正目的是为令人不适，甚至有愤怒的意见分歧创造空间。这
个人是一位生于 1603 年的英国人。

\*\*\*

1636 年 1 月，在新英格兰一个寒冷的夜晚，罗杰·威廉斯（Roger
Williams）穿上厚厚的大衣，往口袋里塞满了尽可能多的干玉米糊，走出
了家门。威廉斯不知道自己要去哪里，但清楚自己必须要离开。一群士兵
正从波士顿赶来逮捕他，并会将他遣返英格兰，投入监狱。

携带玉米糊充饥是威廉斯从美国印第安部落那里学到的。每一盎司的
玉米糊对他而言都弥足珍贵。约 35 年后，威廉斯回忆道：那是一个寒冷
的冬天，"我现在还能感受到那时的雪"，而且他无处可去。在 14 周的时
间里，他没有面包，没有床。如果不是当地的部落收留他，他不可能活
下来。

威廉斯是一个精力充沛、自信、富有魅力的人，也爱与人争论。他
出生在伦敦的一个裁缝家里，不知怎么就引起了爱德华·科克爵士（Sir
Edward Coke）的注意。科克是一名英国律师和法官，因对抗王室以捍卫
公民权利而闻名。大概是他看到这个年轻人身上的一些可贵之处，便将其
招入家中任命为秘书。威廉斯就此进入了英格兰的精英阶层。先是去查

特豪斯公学（Charterhouse School），然后是剑桥大学，并在那里与诗人约翰·米尔顿（John Milton）成了朋友。

与米尔顿一样，威廉斯也对世界充满了好奇，迸发着宗教热情。两个人都被反叛的、反建制的新教运动——清教主义所吸引。毕业后，威廉斯接受了神职，成为一名清教徒贵族的私人牧师。但查尔斯一世统治下的英国政府正在打击这些恼人的不服从者。因此，1631 年，威廉斯启程前往新英格兰，到达马萨诸塞湾殖民地。

即使以清教徒的标准来看，威廉斯也是一个顽固的人。刚下船到达美国，28 岁的他就被邀请担任波士顿教会的神学家。这个职位很有声望，将使他在这个新的环境里拥有领导地位。这是一个千载难逢的机会，但威廉斯却拒绝了。他宣称当地的清教徒不够虔诚，因为他们允许英格兰教会的信徒也一起参与教堂礼拜。他也不同意海湾地区领导人对其权力范围的看法，认为政府不应该与宗教有任何关系。波士顿的领导人对此震怒，向威廉斯明确表示他不再受欢迎。于是他搬到了塞勒姆（Salem），希望找到一个更纯净的基督教社会。不幸的是，在那里他同样发现到处都是缺陷，并大肆公开地指出，让社区邻居们非常恼火。

差不多同一时期，威廉斯开始访问万帕诺亚格部落（Wampanoag Tribe）和纳拉甘西特部落（Narragansett Tribe），结交贸易伙伴和朋友。他学习他们的语言，一方面是为了一起进行宗教辩论，一方面是出于对他们生活方式的好奇。他想知道他们如何捕获猎物，如何抚养孩子，如何管理部落，如何追求信仰。威廉斯并不认为印第安人的文明比欧洲人的文明低劣。这种想法在他所在的年代是很少见的。他认为印第安人是异教徒，终将在地狱里被烧死，但他把他们与其他异教徒视为是平等的。他说："欧洲人和美国人在天生的血统、出生、身体等方面没有区别。"威廉斯甚至公开指责殖民者偷窃土著人的土地，并宣称整个美国计划就是一场骗局。

而其他的清教徒都把那些部落的人视为野蛮人，所以对此非常愤怒。马萨诸塞州当局对这个乱说话的捣乱者感到厌烦，投票将他逐出了该殖民地。他被勒令在 6 周内离开，否则将面临监禁，或者更糟的情况。当局还派出了士兵，因此他才会在半夜逃跑。

经历了残酷的荒野流浪后，威廉斯得到了万帕诺亚格人的庇护和食物，而后纳拉甘西特人也伸出了援手。他从未忘记他们的善待。由此建立起来的友谊为他接下来的伟大壮举打开了一扇大门。

＊＊＊

在多个他不愿生活其中的社会里流亡的经历，让威廉斯开始反思怎样的社会是如他所愿的。他知道每个人都可以自由选择信仰。需要说明的是，这并不是我们现在所理解的思想开明。在威廉斯看来，任何不符合他严格崇拜标准的人（几乎是所有人），都会受到诅咒。特雷莎·贝扬写道："在他生命的最后阶段，他的会众只有两个人，他和他的妻子。而且很可能，他对妻子也不完全认可。"但他坚定地致力于维护每个人其个人良知的完整性，认为应该允许人们以自己的方式下地狱。在他的理想社会里，每个人都在努力改变彼此的信仰，但不受任何强迫。

纳拉甘西特人的首领很快就赠送给威廉斯一片海湾。他开始在那里定居。他后来写道："我在困境中感受到了上帝的仁慈，所以把这个地方命名为普罗维登斯（providence，意为受神圣眷顾）。我希望这里能为那些因良知而苦恼的人提供庇护。"他的家人和来自塞勒姆的十几位追随者加入

了进来。威廉斯放弃了土地所有权，改土地为该镇共同所有。他还起草了
一部宪法。与马萨诸塞州或其他欧洲人在美洲定居点的建制文献不同的
是，这部宪法没有提到宗教问题。威廉斯是极其虔诚的教徒，所以他认为
人类将上帝纳入政府的世俗事务之中是傲慢而可耻的。

普罗维登斯吸引了新英格兰地区所有的激进分子、异端分子、捣乱者
和反叛者。任何"良心不安"的人，也就是那些想要逃离殖民地强制正统
的人，都会前去投奔。他们中有贵格会教徒、犹太人和天主教徒。清教徒
的狂热分子罗杰·威廉斯几乎抛开自己的感受，建立了世界上有史以来最
宽容的社会。

＊＊＊

1643 年，威廉斯冒着风险乘船返回英国，为他刚成立的殖民地申请
授权。在逗留期间，他书写了一份文书，之后成为他最重要的文字遗产。
威廉斯在伦敦与米尔顿重新取得了联系，并通过他认识了出版商。1644
年，《迫害良心的血腥教旨》(the Bloudy Tenent of Persecution for Cause of
Conscience)出版。当时正值英国内战，国家严厉打击传播"异端邪说"
的小册子和书籍。

这本书充分阐述了不仅要宽容对待所有新教徒，还应宽容对待美国印
第安人、犹太人、穆斯林，甚至那些被他称为"反基督教"的天主教徒。
这远远超出了以往任何人的观念，显得很有煽动性。该书出版后，英国议
会立即下令将其烧毁。若不是威廉斯带着授权书即时返航，可能就被逮
捕了。

威廉斯所理解的宽容，远不是勉强同意别人按照自己适合的方式生

活。虽然他坚定地相信唯一真正的宗教是他所信奉的基督教，但他认为不信者必须积极参加"文明的交谈与对话"，才能拯救自己的灵魂。他这里提到的"对话"，是真的指你来我往地说话。威廉斯给印第安人讲述亚当和夏娃的故事后，会聆听他们的创造故事，哪怕只是为了让自己能更好地与他们争论。

在威廉斯建立殖民地的同时期，威廉·佩恩（William Penn）在宾夕法尼亚州领导着另一群持不同意见的人。早期的贵格会教徒是不肯妥协的社会激进分子。他们故意做出令人反感的行为，如在街上裸体，或在教堂礼拜中，一边敲敲打打一边对牧师喊话。威廉斯憎恨这种行为。他说，这意味着"在这个世界上，他们不尊重除自己以外的任何人"。而一个正常的、宽容的社会，依赖于"文明的纽带"。看到这个说法，你大概会联想到这些词：礼节、礼貌、得体。但这并非他的理解。你或许已看出，威廉斯不是一个讲求礼仪的人，他想表达的是"文明的纽带"可以让每个人都说出自己的想法。威廉斯希望人们在对待自己关心的事情上，能热情、直接地说出不同意见。他认为，若非如此，就是对良心的背叛。宽容需要言论自由，这样大家就能去争取皈依者并试图说服对方。"唇枪舌剑"是一个诚信社会的凭证。

对威廉斯来说，同那些在人生大事上与自己意见相左的人生活在一起，可能会有紧张、不悦和愤怒，但仍然好过于和假装一致的人在一起。每个人都有责任持续地就重要的事情提出不同意见，而不是一味追求和谐或保持沉默。在他看来，文明不是一个规范，而是一种原则：激励对方反驳的最低行为标准。

罗杰·威廉斯的观点帮助特雷莎·贝扬重新设想了对文明的理解。不是礼仪或礼节，而是困难对话中的参与者都需要做到的一件事情，以保持各方能存在于同一个空间内。无论这个空间是一个有着四面墙的房间还是一整个社会。毕竟，即使是那些对文明抨击得最厉害的人也希望对手能有最基本的文明。要么就完全不去争论了。

在 18 世纪，随着商业社会的发展，更多不同背景的人开始频繁接触，使得宗教分歧逐渐消退。英国贵族从犹太商人那里购买物资，圣公会教徒与天主教徒做生意。礼貌成了这些复杂的跨文化交流的润滑油。启蒙时期的哲学家安东尼·阿什利-库珀（Anthony Ashley-Cooper）是第一个在现代意义上使用"礼貌"一词的人。他把一个与珠宝有关的术语"抛光"，提升为一种社会美德："通过某种友好的碰撞，我们相互'抛光'，磨去尖角和粗糙的边缘。"与代表阶级的礼节不同，礼貌是民主的：法国小说家斯居代里（Mademoiselle de Scudéry）认为保持礼貌是"不想成为谈话的暴君"。

礼貌不是仅停留在表面的形式或装饰。正如卡尔·特恩布尔的实验所呈现的，遵守一套共同的规则是帮助不熟悉的人开启对话的一种方式。语言学家罗宾·拉科夫（Robin Lakoff，本书第 1 章中提到的乔治·拉科夫的前妻）将礼貌行为归为三个准则：不强加，有选择，让对方感觉舒适。我喜欢这种简单的表达，而且你大概会注意到，这些准则在本书中被多次响应和阐述。但从根本上来说，所有的规则都是辅助或指引。如果关系足够牢固，规则都是不必要的。对待不熟悉的人，我们应保持文明，并努力增进了解，以便日后可以不必文明。

***

近年来，关于劝说他人如何攻克人们对合理论证的顽固抵抗的书籍和文章层出不穷。但它们真正在讨论的问题是："开明、讲理、洞悉实情的我们，如何去战胜偏执、落后、部落一般存在的他们？"作者和他所想的读者们就好像站在人类争论的混战之外，冷静地评估其缺陷。

在网上，人们总喜欢抨击、破坏和删除。其潜在目的就是想排除反对意见。那些关于劝说的文章目的亦是如此。难怪被劝说者经常表现得顽固不化，抗拒到底。我也曾是这样的人，因为不想被推倒而不理性地一争到底。这种钻牛角尖的行为是因为你感觉到这是一场权力游戏，在这个游戏里，劝说者要求你思想开放，但他自己却依然坚决地故步自封。

分歧让我们能帮助彼此克服对现实认知的盲点和抗拒。但如果你只专注于说服他人，完全排除自己的想法也可能会有改变的可能性，就不会真正听到对方的声音。当"听"成为一种单纯的策略时，将什么也听不到。比起"我怎样才能说服别人"，更好的提问方式可能是："我怎样才能使分歧有所成果？"

詹姆斯·卡斯（James Carse）在他的著作《有限与无限的游戏》（*Finite and Infinite Games*）中做了意义深刻的区分："有限的游戏是为了获胜，无限的游戏是为了能够继续玩游戏。"一个有限的游戏，例如国际象棋或足球，有精确定义的开始和结束。当胜负出现时，或者约定的时间用完时，游戏就结束了。而无限的游戏没有确定的结束，也不能明确地定义输赢。玩家在过程中有输有赢，但这些输赢都只是无尽长度中的瞬间。一场足球比赛是一个有限的游戏，但玩足球是一个无限的游戏。

在一个有限的游戏中，规则的存在是为了商定赢家，游戏也会有结束的时刻。在无限的游戏中，规则的存在是为了防止有任何人一定会获胜。

无限游戏中的玩家总是在寻找扩展游戏的方法。一旦察觉到一方将胜利这一威胁时，就会改变规则以阻止这种情况发生。核心就是要让游戏继续下去，并让尽可能多的人参与进来。在古雅典，苏格拉底便是将辩论从一个有限的游戏变成了无限的游戏。

雅典是民主的发源地。民主本身就是一个无限的游戏。它的规则设定是维持平衡：平衡相互竞争的利益和权力，遏制但不废止冲突，其中就包括了选举制度。这是一场有胜利者和失败者的有限的游戏。选举的竞争很激烈，但所有参与者都承认或应该承认，任何党派或个人都不能凌驾于这个无限的游戏之上。民主制度的规则在必要时会有所调整，因为它设计成了要避免任何一个政党永远占主导地位。随着更多的人自愿地加入游戏之中，更多的才能得以释放，更多的创新得以迸发，更多的进步得以实现。民主的目标是变得更加民主。

这可以推广到人类协作的各个层面。当参与者把分歧看作无限游戏中的一部分时，工作和婚姻就会更顺利。应该将婚姻中争论的目的重新设定为使关系更加牢固，将职场中争论的目的重新设定为让企业拥有更好的未来。但我们有时候会因为太想赢而忘记了这一点：不择手段的政客会扭曲或破坏民主制度运行的规则；企业高管将自己的利益置于团队利益之上；夫妻相互说出伤害性的话，从而危及双方的关系。在一个无限的游戏中，即使你与某人有激烈的分歧，也会保持联系并继续向对方学习，因为你希望对话能继续下去。这时的目标是要找到新的方式来表达不同意见。它不像是在网球比赛中，发出高压扣球不给对方留任何机会，而更像是一群朋友在玩沙滩排球。

前文我有提到不在餐桌上讨论宗教或政治的习俗。同所有的习俗一样，这并不是世界通用的。当我向法国作家克莱门蒂娜·戈尔德扎尔（Clementine Goldszal）提到这个习俗时，她感到很困惑。为什么要去掉晚餐中最有趣的部分？"在饭桌上争论是法国的传统。我们什么都争，包括政治。家庭晚餐演变成政治斗争是一项传统。"克莱门蒂娜向我描述道，在吃饭的前几分钟，心里会期待今天将是谁第一个提出争论话题。终于，有人扔出一枚手榴弹，然后就轰的一声炸开。"大家快去吧，'好，我们这就加入！'这是很令人振奋的过程。"

你和我可能没有生活在一个争论的文化中，但我们可以看到：好的争论能够提供养分和拓展思维，而不会带来威胁和压力。如果你把分歧当作无限游戏中的一步棋，而不是胜者为王败者为寇的有限游戏，就会变得更加有趣。

有什么是法国人会做而我们不会做的呢？克莱门蒂娜告诉我："你必须将一个人与他所选择的立场分别开来。"这可以防止带入过多个人色彩而最终陷入防御—攻击的漩涡之中。"在谈话的过程中，你的看法是在变化的。所以会说一些自己不一定同意的事情，目的是让争论更进一步。我就经常这样做。"我们的论述有时候会极度个人化，根植于自己过往的经验或深刻的信仰。但当你与自己所处的立场保持一点距离时，就可以从周边筛选出更好的论点。

如果围坐一桌的人都默认，可以提出尚不确定的观点以促进讨论，那将很有益处。但是，这意味着大家需要相互信任，不说出只为让人难过或恼怒的话。这些观点可以将桌上的人联结起来，一起参与这场共同冒险，即使它只持续一顿饭的时间。在这种情况下，提反对意见是正面的，因为这说明你正参与其中。

***

只要我们认为差异会造成分裂，就不会喜欢它；当我们相信它可以带来团结时，就会珍惜它。

——玛丽·帕克·福莱特（Mary Parker Follett）

在第一部分中，我们看到了为什么分歧是引发创意和新思想的动力。如果处理得当，其过程本身也是一种创造性行为。有目标性的分歧可以产生"2+2=5"的效果。什么是无意义的分歧？我认为是那些参与其中的人对创新毫无兴趣的分歧。

帮助我清楚认识到这一点的是思想家玛丽·帕克·福莱特。她在管理学界备受尊重，但在当今社会已鲜为人知。福莱特不太像一位典型的管理大师。她在 19 世纪末出生于波士顿一个有名的家族。长大后在哈佛大学和剑桥大学学习哲学和心理学，然后投身于社会活动。她在波士顿最贫穷的社区工作了几十年，向年轻人传授社会技能，并帮助失业者找工作。

在马萨诸塞州最低工资委员会任职期间，福莱特开始思考冲突的本质。那是一个老板和工人之间经常发生冲突的时代。一些老板认为，他们唯一的选择就是与工会做斗争，压制异议。还有一些更有想法的老板则对合作持开放态度。1924 年，福莱特在一个工业家俱乐部做了一系列的讲座，其中就阐述了她对如何处理冲突的想法。由于讲座大受欢迎，大家纷纷邀请她出任顾问。

福莱特告诉商人们，人们通常以两种方式应对所有类型的冲突，但这两种方式都是错误的。一种是寻求胜利，也就是试图支配对方。这在竞争关系中可能成立，但在任何需要合作的情况下都是行不通的。另一种是妥协。福莱特不认为可以通过讨价还价达到五五分成的效果。当两个对立的想法发生冲突时，最佳的解决方案是创造第三个。"若两个人达成了一项共同决定，只有当它能呈现整合的效果时才能真正让双方都满意。"福莱特的这些想法是在达尔文主义盛行的年代写下的。对她来说，观点的冲突是一种生成和变异的途径。

福莱特认为任何形式的人类差异都是宝贵的。早在"多样性"成为当今的流行语之前，她就为美国史无前例的多样性感到激动不已。当时每年有数百万移民抵达美国海岸，引发了非常激烈的有关民族认同的辩论。福莱特不赞成"融合""融化"或"同化"一类的词，因为这意味着人们必须放弃自己的身份。一味的容忍对她来说是不可接受的，她希望不同文化的各种冲突都可以激发"双方尚不具备的新东西"。

对福莱特来说，意见分歧应该催生新的思维，从而取得进步。这意味着即使听取了其他人的陈述，每个人都应自信地保有自己的观点。她说：

> 我的一个朋友对我说："所以只要保持思想开放就可以了，不是吗？"不，不是的。要同尊重别人的观点一样尊重自己的观点，并坚定地维护它，直到被说服。在这一点上，软弱的人并不比顽固的人做得更好。

福莱特表示，要找到一个满足双方目标的新解决方案，本质上是一项创造性的任务，需要"出色的创造力"。要做的第一步就是自我检讨。这一点竟是如此地符合当今的时代。为了实现意见整合，大家必须"把自己手里的牌都放在桌面上，直面真正的问题，发现冲突，把所有情况都公开"。那些未说出口的利己主义思想，也就是你不愿承认但终会引发矛盾的问题，必须要发掘出来。福莱特说，你还需要真正地倾听对方，以得到说出的和未说出口的信息。所有这些都需要做到情感上的诚实。当代的管理者都很难做到这一点，更不用说在 20 世纪 20 年代背景下的管理者了。

当我读到福莱特对冲突的看法时，产生了强烈的共鸣。她让我看到，最好的意见分歧既不被加重也不被消除，而是从中产生了新的东西。劝说是一门高尚而必要的艺术。我会为使他人重新思考而感到高兴，但最终目的不是让他人同意我的观点。我希望对方的思维能改善我的思维；对方的经验能调节和丰富我的经验。我希望我们之间的分歧能有创造力：从不同的意见中产生一些新的、更好的想法。这是我们任何一方都无法单独实现的，是双赢的结果。

当我写下这些文字的时候，我们的世界正处于一场大流行病中。面对它，我们大多数的日常分歧显得微不足道，也警示着我们在徒劳争论中浪费了多少精力。从正面看，这是一次契机，让人们重新调整那些根深蒂固，但已不合时宜的行为习惯。我希望这其中能包括我们解决分歧的习惯方式。

人们经常说，如果人类想攻克生存危机，积极乐观地面对未来，就必须把分歧放到一边。我不确定这是否完全正确。当然，我们必须认识到，人类是存亡与共的。但我们也需要将分歧利用起来，如果没有强有力的、真诚的、创造性的分歧，任何事情的进展都将过于缓慢，任何团结的实现都将变得肤浅。毕竟，也许在某些问题上，我是想要说服你的。

CONFLICTED **第16章**

# 让争论有所成效的锦囊妙计

### 锦囊1：定义分歧

大量的所谓分歧其实根本不是分歧，而是误解或因为反感而做出的伪装。当你陷入无结果的争论中时，退一步问自己，我们到底在什么方面有分歧（如果有的话）？

### 锦囊2：寻找好的反对者

我们经常被建议要思想开明，在社交媒体上也去关注那些与我们有不同观点的人。理论上来说是很好的，但在实践中可能会适得其反。有一点很关键，找到那些提异议的方式，以及让你感到受尊重和舒适的人。

### 锦囊3：拥抱冲突

对于我们这些天生不善于对抗的人来说，逃避任何冲突总是心之所趋。但是，如同我们将运动中遇到的挑战视作能将自己变强大的信号一样，我们也可以学着接受分歧带来的不适。

**锦囊 4：积极地看待对手**

一开始你可能不得不假装，但无论如何，如果你喜欢并尊重你的对话者，且能让他感受到，将有助于对话顺利进行。曾担任警察的乔治·汤普森说过："当他们感觉到你不喜欢他们的时候，就会忽略你说的话了。"

**锦囊 5：感受"钢铁人"的情感**

有时人们会说，我们应该用最有力的论据去反驳对方的观点，而不是用最弱的。不做稻草人攻击，而要视其为"钢铁人"。但我们不能仅停留在逻辑的训练上，还需要让自己去感受对方的情感。试着以某种方式去融入，哪怕只是短暂地融入一部分。

**锦囊 6：当心触发感应抵抗**

人们对自己的支配权和自主权有强烈的防御性。在紧张的对话中，任何试图纠正别人的行为都会引发这种反应。心理学家将此称为"感应抵抗"。这就是为什么翻正反射会适得其反以及"逆火效应"会存在。当感受到威胁时，人们会专注于关系信号而忽略内容。要想自己被听到，你需要更加努力地发出正确的信号。

**锦囊 7：为分歧做铺垫**

为了避免让对方因措手不及而引发受威胁状态，在进入分歧内容之前，先让对方知道你将要提出不同意见。承认你可能是错的，他们可能是对的。这让对方有机会在听取你的意见之前调整心态（特别适用于对方比自己更强大的情况）。

### 锦囊 8：抵制消极的还击

当一个人对我们有攻击性、敌意或讽刺时，我们的本能反应是以相同的方式还击。如果想让对话有取得任何成果的可能性，就需要有人来打破这种循环。

### 锦囊 9：创造一种积极争论的文化

无论是面对同事、队友，还是伴侣，质疑决定，说出疑惑，解决烦扰，都应是正常的行为。当习惯了以这种方式处理各个小问题，遇到大问题时就不太可能将你们分开。

### 锦囊 10：奖励持不同意见者

在会议上提出不同意见的人往往会受到惩罚，尽管可能是以非直接的方式。领导者应该努力表明自己真心重视对主流观点的挑战，即使之后会被他们否定。

### 锦囊 11：不要告诉别人该做什么或该如何感受

在人类历史上，从来没有人很好地听从了"长大懂事"这一命令。就像所有的命令（"理智点""冷静点"）一样，它只会让人感到讨厌。告诉别人如何做人，甚至是如何感受，几乎总是适得其反。需要看到对方观点的背后是什么：你们是在就各自的立场还是情绪上进行争论？如果是后者，再巧妙的论证也无法打破僵局。也许你需要去承认对方的内心感受。

**锦囊 12：对"你"的使用保持警惕**

在分歧中，"你"这个词会引发对方身份威胁（你做了什么，你认为什么）。尽管不可能总是避免它，但在紧张的对话中要少用"你"。

**锦囊 13：减少"但是"**

和"你"一样，"但是"的使用也不太可能完全避免。但是（看，我不得不使用），"但是"往往会引起对方的防备。如果用"尽管"来取代，可以让对话稍有软化。

**锦囊 14：直面冲突**

在工作场所，冲突往往被回避，因为没有人愿意去面对，但这会使紧张局势不断发酵。领导者应该在承认冲突时不感到尴尬，也可以专门组织会议来说出这些冲突。或许可以一边喝啤酒一边说。

**锦囊 15：以示弱来导向**

通常情况下，对方会觉得你在试图支配他们或以某种方式证明你的优越之处（面对现实吧，你经常是这样的）。为了消除这种怀疑，你要学会示弱，承认焦虑，承认不确定性，即使或者尤其是自己处于权威地位时。自己先解除武装是让别人降低防御的最好方式。

**锦囊 16：查看是否真的理解**

"所以，如果我没听错的话，你的意思是……"以这样的方式来问对方对双方都是有益的：你得到了清晰的认识，他也确认你在倾听。保持诚实，就可以打开对话。

### 锦囊 17：扭转情绪

在分歧中直接表达情绪可能有所帮助，但为了避免事态升级，可以用平和的语气来表达，从而在讨论事实信息时，就可以注入更多活力和激情。这样你就不会看起来像是孤傲地站在知识高原上夸夸其谈。

### 锦囊 18：发现对方错误中的真相

面对妄想症患者的治疗师说，在妄想中往往有某些真相，即使只是情感上的。他们的工作之一就是找到那些真相。在争论中，当你遇到自己强烈反对的观点时，努力在那些内容中找到真实内核所在。至少，这有助于你尊重自己的对话者。

### 锦囊 19：不要追求"正确"

当然，我们都希望自己是对的，但与去了解某事或某人相比，这只是一种廉价的满足感，还常会妨碍到你。尽量不要让赢得争论的冲动支配你对待谈话的态度。同样，没有人愿意被告知自己是错的。所以如果你在一开始向对方表达，他们在某种程度上是正确的，他们就更有可能对你的观点持开放态度。毕竟，重要的不是你是正确的，而是大家是正确的。

### 锦囊 20：认可专业知识

不应该总是听从专家的意见，因为他们也可能犯错。但是，当你的对话者基于经验或学习在某个话题上比你了解得更多时，明智的做法是俯下身来，承认他们的见解是权威的。这样，你更有可能学到东西，他们也更有可能倾听。

### 锦囊 21：练习失败

纽约圣约翰大学修辞学副教授史蒂芬·利亚诺（Stephen Llano）说得再好不过了："输掉争论是一门非常重要的大众学问，但我们从未练习过。我们必须学会如何面对自己劝说他人失败。没有什么秘诀，只需实践而已。我们在低风险情况下相互争论的时间越多，在遇到重要问题时，表现就会越好。"

### 锦囊 22：少一些相信

在宗教信仰之外，信念本身并不是目的。深陷信念之中的人往往会停止反思他们为什么相信自己所相信的事物。他们也往往会失去倾听其他观点的能力。你持有的不可侵犯的信念感越少，认知自由和同理心就会越多。

### 锦囊 23：对自己一方持怀疑态度

几乎所有的人都会参与到一些正式或非正式的团体之中。团体内部会有一套类似的观念。这并没有错，但当你过于遵照团体的剧本时，就会放弃一些自己的思考能力。这不仅对你没有好处，对团体的智慧而言也是不利的。使用你的分歧技能来探究自己一方的信念，以及你们的对立方。

### 锦囊 24：不要只是纠正，要创造

如玛丽·帕克·福莱特所说，不要简单粗暴地试图将你的观点强加于

人，也不要满足于妥协的结果，而是要寻求融合——当对立的观点发生碰撞并转化为新事物时，会产生炼金术反应。这并不是总能发生，但这是可能获得的一种奖励。

北京阅想时代文化发展有限责任公司为中国人民大学出版社有限公司下属的商业新知事业部，致力于经管类优秀出版物（外版书为主）的策划及出版，主要涉及经济管理、金融、投资理财、心理学、成功励志、生活等出版领域，下设"阅想·商业""阅想·财富""阅想·新知""阅想·心理""阅想·生活"以及"阅想·人文"等多条产品线，致力于为国内商业人士提供涵盖先进、前沿的管理理念和思想的专业类图书和趋势类图书，同时也为满足商业人士的内心诉求，打造一系列提倡心理和生活健康的心理学图书和生活管理类图书。

### 《好奇心：保持对未知世界永不停息的热情》

- 《纽约时报》《华尔街日报》《赫芬顿邮报》《科学美国人》等众多媒体联合推荐。
- 一部关于成就人类强大适应力的好奇心简史。
- 理清人类第四驱动力——好奇心的发展脉络，激发人类不断探索未知世界的热情。

### 《说谎心理学：那些关于人类谎言的有趣思考》

- 樊登读书2018年度好书《好奇心》作者又一力作。
- 多视角剖析说谎行为在人类进化史中的作用与意义。
- 有趣有料，彻底颠覆你对人为什么要说谎这件事的认知。

## 《提问的艺术：为什么你该这样问（经典珍藏版）》

- 国内畅销近 10 年，一本风靡全美、影响无数人的神奇提问书。
- 可视化思维导图、320 个强大问题教你学会提问，为商业与人生打开一扇具有无限可能和机遇的大门。

## 《学会辩论：让你的观点站得住脚》

- 逻辑思维精品推荐。
- 无论是成功地进行口头或书面争辩，还是无懈可击地阐述自己的观点，并让他人心悦诚服地接受，背后都有严密的逻辑和科学方法做支撑。
- 只有掌握了本书所讲述的重要的辩论技巧和明智的劝服策略，才能不被他人的观点带跑、带偏，立足自我观点，妙笔生花、口吐莲花！

## 《妙趣横生的认知心理学》

- 这是一本通俗易懂且知识点较全面的认知心理学入门读物，作者深入浅出地剖析了人类认知加工的注意力、情绪力、记忆力和思考力，理论介绍和实操方法完美结合，为读者提升学习和工作效率提供了认知心理学的核心路径。
- 中国科学院心理研究所所长傅小兰、北京大学心理与认知科学学院教授苏彦捷、复旦大学心理学系教授张学新、北京大学心理与认知科学学院副教授陈立翰、中国指挥与控制学会认知专委会常委林思恩联合推荐。

### 《学习力脑科学》

- 北大脑科学专家陈立翰老师倾心之作。
- 一套经科学验证、系统训练学习型大脑的实用方法，教你如何逆袭成学霸。

### 《领导者演讲力：成为会演讲、会表达的领导者》

- 演讲力＝领导力＝影响力。
- 全球知名领导沟通能力教练40年成功经验分享，教你掌控各种演讲场合，提升当众演讲能力，释放领导魅力。

### 《向下沟通：让决策执行到位的高效对话》

- 领导力大师沃伦·本尼斯作序推荐。
- 帮助领导者走出权力的"沼泽"，与下属建立高效沟通机制的管理必读书。